칼글으로 읽는
차정식의
삼국지

칼럼으로 읽는
차정식의 삼국지

초판 1쇄 인쇄	2019년 6월 10일
초판 1쇄 발행	2019년 6월 13일
지은이	차정식
발행인	이헌숙
디자인	휴먼컬처아리랑 디자인팀 / DESIGNMW
편 집	휴먼컬처아리랑 편집팀
교정·교열	김건아
주 소	경기도 양평군 옥천면 용천로 37
문의	• TEL : 070-8866-2220 • FAX : 02) 784-4111
이메일	thethinkbook@naver.com
홈페이지	www.휴먼컬처아리랑.kr
발행처	생각쉼표 & (주)휴먼컬처아리랑
출판 등록	제 2009-000008호
등록 일자	2009년 12월 29일
등록 번호	132-81-87282
ISBN	979-11-5967-956-8

- 이 책은 생각쉼표 & (주)휴먼컬처아리랑과 저작권자의 계약에 의해 출판된 것이므로, 무단 전재 및 유포, 공유, 복제를 금합니다.
- 이 책 내용의 전부 또는 일부를 이용하려면 반드시 저작자와 생각쉼표 & (주)휴먼컬처아리랑 서면 동의를 받아야 합니다.
- 잘못 만들어진 책은 판매처에서 교환해 드립니다.

칼럼으로 읽는
차정식의 삼국지

차정식 칼럼집

(주)휴먼컬처아리랑

출판교육문화뉴스에
칼럼을 쓰게 되어

나는 세상을 참 힘들게 살고 있다.

등산을 가더라도 지도도 없이 그날 일정을 대충 눈으로 가름하여 초행길의 첫발을 내디딘다. 그래서 산길을 한없이 헤매다 목적지에 도착하니 도착한 순위를 따지자면 도저히 수상자 명단에 들지 못한다.

그러나 누군가 그 산에 대한 실정을 물을라치면 제법 아는 것은 있다.

예전에 남해 바다에서 멸치 잡는 정치망을 하던 시절이 있었다. 고기를 잡으려면 찢어진 그물을 수리해야 하는데 그물을 깁는 일은 한문을 읽을 때 문리를 터득해야 하는 것처럼 눈으로 얼른 다음의 그물코를 찾아내는 기술을 익혀야 한다.

체면상 누구에게도 묻지 않고 혼자서 익히느라 무수한 실패를 겪었다. 그러다 보니 그물의 원리를 바보처럼 매우 늦게 깨우칠 수밖에 없었다.

그물을 깁는 일을 혼자서 이토록 어렵게 익히다 보니 역시 산속을 헤매는 등산처럼 부차적으로 얻는 것이 많았다. 그 큰 정치망의 구조와 제작 원리를 자연히 체득하니 후일에는 아예 다른 사람이 정치망 제작을 나한테 의뢰하기도 했다.

그런데 선착순을 돌려서 순위를 매기는 우리나라 풍토에는 세상을 참 어렵게 사는 길이다. 또 삼국지를 번역하여 사자성어삼국지(四字成語三國志)를 완성하는 일은 가장 세상을 어렵게 산 일 중의 하나였다.

한문으로 된 삼국지를 번역하기 위해서 한문을 배우러 나선 일이다.

지금 생각하면 몰라도 한참을 모르는 무모한 도전이고, 알고는 못갈 길이다.

　논어, 맹자, 대학, 중용, 자치통감, 근사록, 심경, 사마천의 사기를 보았고 병서로는 손자. 오자, 사마법, 육도, 삼략, 울료자, 이위공병서 등을 대략이나마 익히느라 15년이 걸렸다.

　비로소 모종강의 삼국지를 붙잡았으나 더듬더듬 한 자씩 번역해 나가는 길은 가히 산속에서 길을 찾아 헤매느라 몸부림치는 일이었다. 결국 사자성어 3,000여 개를 되살려 사자성어삼국지(四字成語三國志) 10권을 완성하기는 했으나 12년 세월이 걸렸다. 1년 전 출판교육문화뉴스 이헌숙 사장님이 칼럼을 한번 써보면 어떻겠느냐고 제의할 때 생각 없이 즉석에서 승낙한 것 또한 세상을 어렵게 산 일 중의 하나였다.

내가 삼국지를 번역했지만 나 자신의 문장을 써보지 않았기 때문이다.

하여튼 사자성어삼국지에 있는 사자성어로 엮어 근근이 시작한 칼럼이 1년이 되었으나 문장의 흐름은 여전히 산속에서 길을 찾아 헤매고 있다. 또 전문성도 없이 함부로 세상을 평했으니 독자들에게 너무 송구할 뿐이다.

차례

1
서울의 미세먼지　14

2
고선지장군　18

3
기무사
계엄령 문건　23

4
지구의 온난화　28

5
송쿨호수의 UFO　32

6
조삼모사
(朝三暮四)　37

7
기마민족
(騎馬民族)의 전설　41

8
통계청장의 경질　45

출판교육문화뉴스 칼럼

9
천고마비
(天高馬肥)의 계절   49

10
출산율 저하와
인구감소   52

11
통일은 누가?
언제?   56

12
언론과 출판의
자유   60

13
천산자락의
능금나무   63

14
100년의 적폐   67

15
득롱망촉의
키르키즈인의 생활   72

16
어느 독재자의
고백   77

17
천산험로에 펼쳐진
만년설　　　81

18
췌마(揣摩)로 헤아리는
김정은의 마음　　85

19
허허실실
(虛虛實實)　　91

20
파초(芭蕉)의 꿈　　98

21
북극 한파　　103

22
김정은 방문의
저의　　109

23
남한은
계륵(鷄肋)이다　　115

24
국가부도의 날　　121

출판교육문화뉴스 칼럼

25
해명과 변명의 진실 127

26
기해년 사자성어 133

27
세상은 뜻이 큰 사람의 것 135

28
소통과 불통 141

29
청와대 십상시 147

30
북한의 농성 152

31
난세의 정치인 158

32
세상에 이런 법도 있나? 165

33
알 만한 사람이
풍수타령   172

34
하노이 회담   180

35
한반도의 미세먼지   185

36
도올의 정통성
논란   191

37
장자연 김학의
사건   198

38
워싱턴 한미
정상회담   204

출판교육문화뉴스 칼럼

39
탈라스 인터넷　210

40
문대통령
중앙아시아 순방　216

41
조자룡의 헌 칼　222

서울의 미세먼지

2018. 7. 10
출판교육문화뉴스 칼럼

키르키즈스탄은 천산산맥이 품고 있는 중앙아시아의 산악국이다.

그 옛날의 실크로드의 중심지로서 우리가 익히 아는 키르키즈스탄 북쪽으로 난 길은 천산 북로, 남쪽으로 난 길은 천산 남로다. 당시 대상이 얼마나 많이 다녔으면 지금도 이 나라에는 이름 자체를 '캐러벤'이라 부르는 도시가 있다.

사방에는 만년설이 쌓인 높은 산이 보인다. 저만큼 먼 거리라면 분명 가시거리 12마일 즉 20km를 훨씬 넘었을 것인데도 아주 선명하게 하얀 산등성이가 시야에 들어온다. 구글의 일기예보에도 이곳의 시야는 거의 대부분의 날이 50km라 하니 당연한 일이기도 하다.

공기가 맑고 타클라마칸 사막과 카자흐스탄의 건조지대 영향으로 인한 건조한 기후로 항상 기분을 상쾌하게 해준다. 여기에 익숙해진 사람들은 한국처럼 무덥고 습한 여름 기후에서는 견디기 힘들다.
중국 사서에는 고대부터 북방 유목민이 가을부터 여름이 오기 전까지 중국 내륙으로 내려와 약탈을 일삼던 사례가 수없이 나온다.
특히 흉노족은 기원전부터 정기적으로 겨울이 오기 전이면 초원에 풀어놓았던 동물들을 몰고 강설량이 적은 남쪽으로 이동했다. 오르도스 이남까지 내려와 마른 풀을 찾아 방목을 하면서 또 부업으로 중국의 성읍을 약탈했다.
다시 봄풀이 자라고 기온이 올라가면 이들은 무더위를 견디지 못해 시원한 고향의 초지로 떠났다.
이처럼 흉노는 여름이 오기 전에 북으로 돌아갔으나 13세기 중국 대륙에 눌러앉아 원나라를 세운 몽고족은 특이한 경우다.

2018년 코엑스 국제도서전에 참석하느라 한국을 방문했던 나는 건너편 빌딩도 제대로 보이지 않는 서울의 대기에 아연실색했다.
만약 키르기즈스탄 탈라스의 공기가 서울과 같았으면 나는 삼국지를 번역한답시고 이곳에 머물 생각을 아예 하지도 않았을 것이다.
물론 이곳 탈라스도 아주 가끔은 광풍이 몰아치면서 모래가 날리는 날이 있는데 마치 삼국지의 어복포에서 일어난 일과 같다.

이릉대전에서 유비에게 대승을 거둔 동오의 육손이 촉군을 추격하여 어복포까지 진군했다.

그런데 이곳에는 이미 제갈량이 설치해둔 팔진도가 있었다. 육손이 제갈량의 팔진도를 얕보고 대담하게 그 진으로 들어가니 풍경이 돌변하더니 갑자기 지형이 바뀌며 하늘마저 보이지 않았다.

광풍대작(狂風大作) 미친 듯이 바람이 거세게 불어
비사주석(飛砂走石) 모래가 날고 돌이 구르며
차천개지(遮天蓋地) 하늘과 땅을 가렸다

이곳에서 이런 험한 날씨는 한반도를 강타하는 태풍만큼이나 아주 가끔 일어나는 일이다. 키르키즈스탄은 아직까지 태고의 자연 경관이 훼손되지 않은 청정한 유목민의 나라다.

천산산맥으로 둘러싸인 산악국이라고 하면 사람들은 산악지대만 생각할 것이다. 그래서 넓은 분지가 있으리라고는 생각도 못할 것이고 또 이곳에 드넓은 강낭콩밭이 푸르게 펼쳐져있으리라고는 아마 믿지도 않을 것이다.

탈라스강의 물을 끌어와 관개농업을 하는 끝도 보이지 않는 푸른 벌판에는 개라소아(疥癩小兒)가 말을 타고 다니면서 콩밭에 물을 대고 있는 한가로운 모습을 흔히 볼 수 있다.

개라소아(疥癩小兒) 　머리에 쇠똥도 안 벗겨진 아이. 개나 소나.

삼국지에는 관평이 방덕에게 도전하는 일이 있다. 그런데 무예가 출중했던 방덕은 오직 자신의 상대는 관우라고만 생각하고 있었다. 그래서 그에게는 관우의 아들 관평이 그저 어린아이로 보여 너 같은 개라소아(疥癩小兒)는 죽이지 않을 것이니 빨리 관우를 불러내라고 말했다.

탈라스 하늘은 푸르고 푸르다. 간혹 떠가는 새하얀 구름 한 조각 그 너머 저 멀리 하늘 끝까지 보아도 미세먼지 흔적 하나 찾을 수 없다 한국에서 미세먼지를 보고 온 뒤라 지금 누리는 청정한 자연이 나에게 너무 호사스럽다는 생각마저 든다.

고선지장군

2018. 7. 16
출판교육문화뉴스 칼럼

내가 사는 키르키즈스탄 탈라스는 고선지장군의 전적지다.

장군의 부친 고사계가 고구려가 망할 때 보장왕을 따라 당나라로 왔으니 그는 고구려 교민 2세로 우리 역사상 교민으로서는 이국땅에서 가장 높은 지위까지 오른 무인이다.

고선지장군이 AD751년 이곳 탈라스강 하반에서 당나라 군사와 현지 부족군사를 규합한 4만여 명을 이끌고 압바스조 페르시아 대군 5만여 명과 싸웠다.

지금도 이곳 현지에는 전설도 많아 다들 그 전투의 현장이 자기가 사는 고장에서 일어났다고 주장한다.

모두 맞는 말이다. 양측 10만 대군의 전투 현장이 어디 링을 정해 놓고 싸웠겠는가?

전투 후반에 가서는 사방으로 흩어져 산발적인 추격전이 되었을 것이니 그런 주장이 나오는 것도 당연하다.

이 전투가 병력의 다수로 승패가 결정되어진 것이 아니다.

1만 명의 차이를 가지고 병력이 적어서 졌다고 말할 수는 없고 사실 고선지장군의 결정적인 패인은 따로 있었다. 그가 실크로드 천산남로의 많은 부족 국가를 거쳐 오면서 한 가지 전략적인 큰 실수를 저질렀다.

당시 천산자락에 붙어있었던 작은 나라들은 생존을 위해 당나라가 오면 당나라에 협조하고, 페르시아가 오면 페르시아에 붙고, 서하가 오면 서하에 동조할 수밖에 없었다. 그들의 안중에는 당나라, 페르시아나, 서하나 다 그게 그것이고 오직 자신들의 생존만이 중요했을 것이다.

재차 고선지장군이 당나라 군사를 이끌고 진군하자 천산 남로에 있던 소국의 지배자들은 다시 당나라 편으로 돌아섰다. 그런데 고선지장군이 이들 지도자들을 배반자라고 하며 무자비하게 처단하면서 부족의 피를 많이 흘렸던 것으로 구당서는 기록하고 있다.

이런 조치는 현지인들의 인심이 고선지 장군을 떠나게 되는 결정적인 계기가 되었다.

　심리적으로 불안정한 현지 부족민의 군사를 고선지 장군이 강제로 당군에 편입시킨 조치에는 분명 문제가 있었다. 이들은 충성심과는 거리가 멀고 단지 촉각을 세우고 양측의 전력을 저울질하여 미리 자신들의 진로만 염두에 두고 있었을 것이다.

　당군과 페르시아군이 탈라스강 하반에서 접전하는 중에 역시나 부족민의 군사가 내부에서 반란을 일으켰다. 그들이 일으킨 반란만 해도 당군에게는 치명타인데 더구나 전투의 현장이 탈라스강이 북류하는 지점의 개활지로 당군에게는 매우 불리한 지형이었다.
　왜 이곳을 전장으로 선택했는지 이해가 되지 않는다.
　이곳에서는 고대부터 중국군이 잘하는 매복과 기습의 장점을 살릴 수 없는 곳이다. 민심도 얻지 못한데다 불리한 지형을 택했으니 고선지 장군의 패배는 이미 예정되어진 것이다.
　전장을 조금만 뒤로 물렸으면 유리한 곳이 얼마든지 있는데 고전장을 둘러보는 이의 마음은 매우 안타깝다.

　고선지의 가장 큰 패인이었던 민심에 대해서는 삼국지에서도 주요하게 다루는 항목이다.
　마속이 남만을 정벌하는 제갈량에게 현지인의 마음을 얻지 못하면 전투에서 이겨도 아무 소용이 없다고 강조하고 있다.

공심위상(攻心爲上) 마음을 공격하는 것이 상책이고
공성위하(攻城爲下) 성을 공격하는 것은 하책이며

심전위상(心戰爲上) 마음으로 싸우는 것이 상책이고
병전위하(兵戰爲下) 병장기로 싸우는 것은 하책이다

비록 고선지장군이 탈라스 전투에서 졌지만 이 전투는 인류 역사에 전혀 예상치 못한 결과를 낳았다. 바로 세계사의 흐름을 바꾸는 문화 전쟁이었던 것이다.

페르시아군이 사마르칸트에 거주하던 중국인 제지 기술자를 페르시아로 데려가 페르시아 종이가 탄생했던 것이다.

페르시아는 이 제기기술을 극비로 하여 종이를 생산했으나 시간이 흐르자 제지 기술은 마침내 서양 전역에 전해졌다. 종이가 없었던 시절 지식은 값비싼 양피지에 기록하여 특권층만 독점했다.

양피지로 성경 1권을 제작하려면 포도원 하나를 팔아야 했다고 하니 교회나 영주가 아니면 마음도 먹을 수 없는 대사업이었다.

그런데 이제 값싼 종이의 등장으로 대중이 쉽게 지식에 접근할 수 있었다.

종이로 인한 대중의 지식화는 마침내 잠든 중세 유럽을 깨워 르네상스 시대를 여는 초석이 되었던 것이다.

그리하여 8세기의 탈라스 전투로부터 천여 년이 지난 19세기, 이제는 역으로 서양 문명이 청나라로 물밀 듯이 들어오니 돌고 도는 문

명의 발길은 참으로 알 수 없는 것이다.

고선지장군이 탈라스 하반의 전투에서 지고 당나라로 귀환했으나 당조에서는 고선지장군에게 패전의 책임을 묻지 않았다. 이것을 보면 그동안 그가 서역에서 세운 공적이 혁혁했다는 반증이며 또 내부 반란이 패한 원인으로 크게 부각되어 패전의 책임이 고선지장군을 피해 간 것임에 틀림없다.

그러나 안록산과 사사명의 난이 일어났을 때 고선지장군이 적에게 넘어갈 물자를 전략적으로 후방으로 옮긴 일이 비극을 초래했다. 감군으로 있던 변령성이 당 현종에게 고선지가 사사로이 물자를 약탈했다고 무고하니 안타깝게도 장군은 처형을 면치 못했다.

그 결과는 고선지 한 사람만의 비극으로 끝나지 않고 전 중국이 엄청난 전란에 휩싸인다. 당시 시인 두보가 춘망(春望)이란 시에서 '나라는 망하고 산하만 남았구나!'라며 탄식했을 정도다.

당 현종이 고선지 후임으로 임명한 장수가 오히려 장안성을 다 들어 안록산에게 항복했던 것이니 이로써 걷잡을 수 없는 대혼란이 중국 전역으로 퍼져 마침내 당나라가 망하게 된다.

중국인이 역사상 가장 안타까워하는 두 사람이 바로 고선지장군과 송나라 때 진회의 모함으로 죽은 충신 악비의 일이라고 하지만 어찌 그들이 탈라스 고전장(古戰場)에 사는 한국인인 나만큼이야 장군을 안타까워하겠는가?

기무사
계엄령 문건

2018. 7. 23
출판교육문화뉴스 칼럼

문재인 정부가 계엄령 문건에 격앙된 반응을 보이고 있다. 먼저 기무사 문건을 부각시키더니 두 달을 보내고 나서 문대통령이 인도 출장 중에 계엄사 문건을 조사할 독립수사단을 구성하라고 했다.

작은 문제를 덮어주고 화합을 하는 사람과 아무리 작은 문제라도 헤집어 파내는 두 사람이 삼국시대에 있었다.

삼국시대에 중원을 두고 다툰 제일 큰 의미 있는 전투는 적벽대전이 아니고 관도대전이다. 관도에서 조조군 7만이 원소군 70만과 대치했는데 원소는 조조보다 전력이 월등히 강했으나 모사들의 다양한 의견을 수렴하지 못했다. 오히려 다양성이 내부 분열을 일으켰다.

이런 원소 개인의 자질 문제를 일찌감치 조조가 유비와의 영웅론(英雄論)에서 지적했다.

색려담박(色厲膽薄)　겉보기는 강하나 간담이 작으며
호모무단(好謀無斷)　도모하기를 좋아하지만 결단력이 없다

마침내 관도대전에서 대패한 원소는 겨우 800여 기만 이끌고 황하를 건너 도망갔다.

조조가 원소의 중군장막을 접수하고 보니 귀중품과 기밀문서가 그대로 남아있었다. 그 기밀문서에는 조조의 부하들이 원소와 내통을 한 서신이 많이 있었다.

조조의 좌우가 문서와 사람을 대질조사하여 처벌해야 한다고 주장하니 내부의 분위기가 험악해졌다.

이때 대단한 조조가 대단한 말을 했다.

"묻지도 말고 따지지도 말고 그냥 문서를 불태워라."

이것이 바로 그 유명한 분서불문(焚書不問)이라는 사자성어다.

분서불문(焚書不問)　서신을 불태워 일체의 잘못을 묻지 않음

분서불문에는 두 사람의 사례가 있다. 한 사람은 후한을 세운 광무제이고, 한 사람은 말할 것도 없이 바로 조조다.

모종강은 광무제의 분서불문은 이미 천하를 얻은 자신감이고, 조조의 분서불문은 천하를 차지하기 전에 의심스런 인물이라도 이용하려는 약은 수단이라고 평했다.

하여튼 천하를 얻었거나 얻기 위해서나 지난 문서나 들추어서 잘잘못을 따지는 것은 결코 건설적이 아니라는 말이다.

우유부단하여 패했다고 하는 그 원소마저도 조조를 나무라는 진림의 격문에 기하취용(棄瑕取用)하겠다는 말을 썼다.

기하취용(棄瑕取用)　　허물을 덮어주고 사람을 기용함

분서불문(焚書不問)하고 기하취용(棄瑕取用)하는 통 큰 정치를 하면 오히려 시시콜콜히 기무사 문건이나 뒤지면서 적폐청산하려는 것보다 더 열렬한 국민의 지지를 받을 것이다.

삼국지에 나오는 조조는 부하들의 말을 잘 경청했다.

언제나 그들의 말을 들으려고 노력했으며 장려하기도 하니 부하들도 서스럼없이 자신의 의견을 피력했다. 예나 지금이나 한 개인의 전문적인 지식이란 아주 유한하여 조조처럼 여러 사람의 의견을 수렴하지 못한 찌질한 원소가 삼국시대라는 난세를 살아남기에는 어려운 일이었다.

조조는 그토록 자신을 공격적으로 비난한 진림의 격문에도 불구하고 후일 포로로 잡혀온 진림을 원망만 했지 죽이지 않았다.

혼자 할 수 있는 일보다 혼자서 할 수 없는 일이 훨씬 더 많다.
촉나라 유비에게 시집온 오부인이 몰래 유비의 아들 아두(阿斗)를 데리고 동오로 달아나자 조자룡이 배를 타고 추격하는 일이 있었다. 동오의 배에 뛰어오른 조자룡이 아두를 오부인에게서 빼앗았으나 한 팔에 아두를 안고 또 한 손으로 검을 쥐게 되니, 동오의 장수 주선이 지휘하는 동오의 배 위에서 그는 고장난명(孤掌難鳴)이었다.

고장난명(孤掌難鳴)
손바닥 하나로는 손뼉을 칠 수 없음. 혼자서는 되는 일이 없음.

한창 위급한 중에 하류의 항내(港內)에서 장비가 10여 척의 배를 몰고 나와 합류하니 비로소 주선을 제압하고 장비의 배로 옮겨 탈 수 있었다. 이처럼 천하의 조자룡일지라도 혼자서 할 수 있는 일은 거의 없다.

옛날이야 자신을 보좌하는 사람들의 지지가 정권을 유지하는 가장 큰 요소였으나 지금은 자신의 측근보다 국민의 지지가 더 필요하다.
국민의 지지가 있어야 비로소 국가라는 배를 제대로 몰고 갈 수 있다.

진보와 보수 어느 한쪽의 지지만 받고 국가를 경영하면 고장난명(孤掌難鳴)이니 과거 정권을 적폐라는 이유로 더 이상 때리지 말았으면 좋겠다.

지구의 온난화

2018. 8. 8
출판교육문화뉴스 칼럼

나는 '납양'으로 발음하고 싶은데 사전에는 발음을 '남냥'이라고 하는 낱말이 있다. 바로 납량(納涼)인데 여름에 '더위를 피하고 서늘함을 맛본다'는 뜻이다.

어린 시절 여름밤이면 마당에 자리를 깔아놓고 라디오에서 흘러나오는 납량특집을 들었다. 오싹한 이야기에 열중하느라 잠시나마 더위를 잊기도 했던 옛 추억이 있다.

7월말 휴가철에 한국의 지인들이 내가 있는 키르키즈스탄으로 왔다.

그런데 모든 분들의 첫마디가 한국의 폭염이었다.

　금년에는 중앙아시아에 위치한 이곳 고산지대에도 한낮에는 햇볕이 꽤나 강렬하여 외출할 때 모자가 있어야 할 정도인데 한국에 비교하면 아무것도 아니란다.

　언론은 여름만 되면 지구기온 상승을 말한다.

　이제 폭염이 전 지구촌의 문제가 되었고 앞으로도 점점 더 심해질 것이라고 한다. 지구의 기온이 예전부터 점점 상승을 해왔다면 고대에는 지금과 같은 폭염이 없었을 것이라고 역으로 생각할 수 있다.

　그러나 실제는 그렇지 않다.

　건흥 3년(서기 225년), 지금으로부터 약 1800년 전 남만으로 진군한 제갈량이 독룡동(禿龍洞)에 이르렀다. 맹획과 타사대왕(朶思大王)은 독룡동을 지키며 제갈량의 군사들이 더위를 먹고 장차 죽기를 기다리며 싸우러 나오지 않았다. 때는 음력 유월 염천(炎天) 열기가 대지를 불태우는 것 같았다.

　삼국지에는 이때 남방의 지독한 열기를 읊은 후인의 시가 있어 그때의 더위를 더욱 실감나게 한다.

　　산택 욕초고(山澤 欲焦枯)　　땅도 타들어 가고 연못도 타들어가네
　　화광 복태허(火光 覆太虛)　　불길이 하늘을 뒤덮구나
　　부지 천지외(不知 天地外)　　하늘 밖이 덥다 해도
　　서기 경하여(暑氣 更何如)　　여기보다 더우랴

또 한 편의 시가 있다.

적제 시권병(赤帝 施權柄)	더위가 기승을 부리니
음운 불감생(陰雲 不敢生)	하늘에 구름 한 점 없구나
운증 고학천(雲蒸 孤鶴喘)	더운 열기에 학의 숨길 거칠고
해열 거오경(海熱 巨鰲驚)	펄펄 꿇는 바닷물에 자라도 움추리네
인사 계변좌(忍捨 溪邊坐)	시냇가를 차마 떠나지 못하다
용포 죽리행(慵抛 竹裏行)	할 일을 잊고 대숲으로 들어가네
여하 사색객(如何 沙塞客)	사막을 지나는 길손 오죽이나 할까만
환갑 부장정(擐甲 復長征)	다시 갑옷 걸치고 원정길에 나서네

옛날에도 폭염은 있었고 혹한도 있었다.

하여튼 해마다 기온 상승이 지속적으로 이어진다면 앞으로 지구의 생명체는 감당할 수 없을 것이다. 그러나 이 원인을 제공한 주체가 인류라는 것에는 모두가 동의하지만 누구도 가시적인 조치를 취하려고 하지 않는다.

이는 당장 우리 세대가 당면할 사활의 문제가 아니라는 이기심에서 방치하고 있는 것이다.

어린 시절 썰매를 타던 동네 저수지에서는 언제부터인가 빙판이 생기지 않는다.

또 앞 세대에게서 들은 이야기를 생각하면 더욱 심각하다. 불과 80~90년 전, 바다에서 어로활동을 마치고 다시 내항으로 들어오려는데 바닷물이 얼어 노를 저을 수 없었다고 한다. 그래서 뱃머리에 선 사람이 삿대로 얼음판을 깨고 뒤에서 노를 저어 배질을 했다고 한다.

보지 않아도 이 정도면 얼마나 추웠는지를 알 수 있다. 나는 이제 겨우 환갑을 넘겼으니 오래 산 것이 아니라서 아직 그렇게까지 바닷물이 언 것을 경험하지 못했다.

빙하기와 빙하기 사이라는 간빙기에 살고 있는 우리 인류가 지구 기후 싸이클에 큰 영향을 주어 간빙기가 연장되면서 빙하기가 미루어지고 있다고 말하는 사람도 있다.

최근 심해지는 폭염을 보면 인류가 감당하지 못할 미증유의 일이 곧 닥칠 것만 같은데 나만의 기우(杞憂)일까?

결국은 끝을 보고야 말겠지만 그래도 삼국시대 적벽대전을 두고 감택이 황개에게 말한 사자성어를 권해본다.

사불가완(事不可緩)   일이란 미루어서 안되니
즉금편행(卽今便行)   지금 즉시 시행해야 한다

송쿨호수의 UFO

2018. 8. 13
출판교육문화뉴스 칼럼

　송쿨호수는 키르키즈스탄 나른주(洲) 해발 3,000m가 넘는 곳에 위치해 있다.
　키르키즈스탄은 지도상에서 아시아의 중앙이고 송쿨호수는 또 키르키즈스탄에서도 중앙이다.
　한여름 밤이면 송쿨호수의 추위는 이동식 천막 안에서도 견디기 힘든 영하로 내려가고 바람소리마저 잦아들어 적막이 감도는 곳이다. 천혜의 청정 호수로 정주민은 없고 단지 여름 동안에만 호수 주위로 유목민이 모여들어 양이나 야크를 방목한다.

2017년, 2018년 여름에 지인들과 이 송쿨호수 유목민 텐트에서 숙박하며 매우 특이한 것을 목격했다.

여름 해가 넘어가고 난 뒤 저녁별이 하늘에서 막 반짝이기 시작할 무렵이었다. 서쪽 하늘에서 보름달 5배 크기쯤이고 달보다 더 황색인 둥근 비행체가 서쪽 하늘에서 나타났다. 이 비행체가 빠른 속도로 산등성을 따라 동쪽으로 이동하더니 마침내 산 너머로 사라졌다라고 하늘을 비행한 시간은 대략 5분, 목격했던 사람들은 모두 UFO했다. 그러나 구름 뒤편으로 지나가는 저 거리라면 너무 엄청난 규모의 비행체라서 얼른 수긍을 하기가 어려웠다. 혹시나 태양이 굴절되어 비치는 광학현상이 아닐까 하는 말들은 했지만 모두 놀라서 입을 다물지 못했다.

만약 저것이 미확인 비행물체라면 우리가 위치한 곳이 고산지대이고 휴대폰이 터지지 않는 곳이니 저 아래 동네 하계에는 분명 큰 사건이 일어났을 것이라고 모두들 말했다.

그런데 금년 여름 송쿨호수에 갔을 때도 목격되었는데 역시 서쪽 하늘에서 이 비행체가 떠올라 재빨리 동쪽으로 사라졌다.

요즘처럼 온갖 공상물이 인터넷에 난무하는 세상에 비록 미확인 비행체가 틀림없다고 해도 별 관심을 끌지 못할 것이다. 이런 말을 하는 것도 공연한 짓인지 모르지만 엄연한 현실이고 직접 목격한 일이고 다수의 목격자가 있다.

세상에는 별일이 다 일어난다. 삼국지 모종강의 평에도 이런 사자성어가 있다.

망망세사(茫茫世事)   망망한 세상일에
하상지유(何常之有)   어찌 항상 불변의 법칙이 있으리오

나만 모르고 있는 단순한 천문현상인지 아니면 미확인 비행물체인지 혹시 관심 있는 사람이 있으면 출현했던 날짜와 시간 등을 알려주고 싶다. 제갈량이 기산에서 사마의와 대치를 하던 중 사마의를 유인하기 위해 도교의 의식을 거행했다.

검을 뽑아든 제갈량이 답강보두(踏罡步斗)하며 축원하는 기도를 했던 것이다.

답강보두(踏罡步斗)   도교의 법사들이 북두칠성에 제사를 지낼 때 앞으로 가거나 뒤로 가고 또는 회전하며 걷고 걸음걸이마다 북두칠성의 별자리와 같은 위치를 밟는다. 그들은 이렇게 해서 신령을 불러들여 기도하는 목적을 달성할 수 있다고 믿었다.

― 삼국지사전(三國志事典) ―

사마의가 선봉 진랑에게 1만 군사를 주어 함께 촉군의 영채를 기습하러 가는데 답강보두(踏罡步斗)의 효과가 즉시 나타났다.

그날 밤 초경 바람은 맑고 달은 밝았는데, 2경 무렵 먹구름이 사방에서 모이더니 검은 기운이 온 하늘을 뒤덮어 군사들이 마주보고도 서로의 얼굴이 보이지 않았다.

사마의는 몰래 기습할 수 있는 기회를 얻었다고 매우 기뻐하며 군사들의 입에 하무를 물리고 말의 입도 묶어서 조용히 진군했다.

촉군의 영채에 도착하여 기습적으로 쳐들어갔으나 아차 이게 아니었다. 촉군은 단 1명도 보이지 않았다.

속았다고 판단하여 급히 퇴각하려는데 촉군이 영채 밖에서 진랑의 1만 군사를 사방에서 포위하고 화살을 메뚜기떼처럼 쏘았다. 진랑은 난군 중에서 죽고 뒤따라오던 사마의도 대패하여 패잔병을 이끌고 본채로 돌아왔다.

3경이 지나자 하늘이 다시 맑아지고 제갈량은 군사를 거두었다.

알고 보니 2경에 먹구름이 사방에서 모여든 것은 바로 제갈량이 둔갑법(遁甲法)을 사용한 것이고, 나중에 다시 맑아진 것은 육정육갑(六丁六甲)을 몰아 떠있는 구름을 거둔 것이라고 한다.

삼국지에 나오는 제갈량의 술법은 다분히 소설적인 것임에 틀림이 없으나, 내가 본 송쿨 하늘 비행물체의 실체는 21세기를 사는 나로서도 제갈량의 둔갑법(遁甲法)인지 육정육갑(六丁六甲)인지 혼돈스럽기만 하다.

원인이 밝혀지기 전에는 다 기사기문(奇事奇文)이다.

기사기문(奇事奇文) 기이한 일이고 기묘한 글

조삼모사
(朝三暮四)

2018. 8. 17
출판교육문화뉴스 칼럼

    조삼모사(朝三暮四)로 시작한 국민연금 개혁이 조4모3의 계책과 그 후속인 특단의 대책도 없이 어설프게 막을 내리고 있다.

    조삼모사(朝三暮四)는 원래 중국의 송나라 때 이야기다. 원숭이를 너무 좋아하여 원숭이를 기르는 저공(狙公)이라는 사람이 있었다. 그러다 보니 원숭이와 의사소통까지 가능하게 되었다.
    원숭이를 좋아하기는 했지만 당면한 현실은 사료를 감당하기 어려웠다. 마침내 하루에 도토리 7개 밖에 줄 수 없는 지경에 이르렀다.

당연히 원숭이의 불만이 생길 수밖에 없다는 것을 알고 미리 한 가지 계책을 생각했다.

　원숭이들을 모아놓고 내일부터 도토리를 아침에 3개 저녁에 4개씩 주겠다고 말하니 원숭이들이 모두 불만을 드러냈다.

　그러자 저공은 아침에 4개 저녁에 3개를 주면 어떻겠느냐고 다시 제안하니 원숭이들은 우선 받은 양이 많아지는 것만 생각하여 모두 기뻐했다.

　똑 같은 양을 가지고 조3모4로 먼저 좋지 않은 조건을 제시하여 불만을 사게 하고 이것을 해결하는 척 조4모3으로 하여 달래는 계책이다. 즉 '아니면 말고'가 아니고 '아니면 다른 것'으로 하여 조삼모사(朝三暮四) 계책을 성공시켰다.

　그런데 조삼모사 계책의 효과는 그렇게 오래 지속되지 않는다. 원래부터 하루 7개로는 턱없이 부족한 양이기 때문이다. 저공은 도토리 자루가 바닥나기 전에 반드시 특단의 대책을 세워야 한다.

　조삼모사 계책은 우리가 아는 단순히 같은 양으로 분배 방식을 교묘하게 이용하여 상대를 가지고 노는 것이 아닌 수준 높은 심리전이다. 그대로 두면 별 문제가 없는데 괜히 문제를 만들어 이슈화했다가 해결하는 척하며 상대의 환심을 사고 공감을 얻은 뒤 약효가 떨어지기 전에 획기적인 조치를 한 조삼모사 계책의 사례가 '사자성어 삼국지'에 있다.

조조가 마보군 17만 명에 1,000여 량의 군수물자를 싣고 원술을 치러 나섰다. 수춘성까지 진군하여 공성전에 들어가니 군량이 모자랐다. 관량관 임준의 부하 창관 왕후가 군량이 부족한 것을 조조에게 보고하자 조조는 큰 말로 지급하던 군량을 작은 말로 지급하라고 했다.

당연히 배가 고픈 조조의 군영에서는 소동이 일어났다. 군심을 살피던 조조는 가만히 왕후를 불러 물건을 단 하나만 빌려달라고 했다. 두 개도 아닌 단 한 개의 물건이 무엇인지를 왕후가 묻자 머리를 좀 빌려달라고 했다. 머리란 빌려주었다가 다시 돌려받을 수 있는 물건이 아니다.

새파랗게 질린 왕후가 자신에게는 군량을 횡령한 죄가 없다고 주장하자 조조도 이미 왕후에게 죄가 없다는 것을 안다고 말했다. 그리고 왕후의 처자식을 자신이 잘 돌보아 줄 것이니 걱정하지 말라고 다독이며 단지 머리 하나만 빌려달라고 했다.

조조는 더 이상 말이 많아지기 전에 도부수를 불러 엉거주춤 서 있는 왕후를 끌어내어 목을 베라고 했다. 이왕 죽어야 하는 왕후의 처지에서는 자꾸 길게 변명을 하면 처자에게 돌아가는 혜택만 줄어들게 된다.

엉겁결에 죽은 왕후의 머리를 내걸고 왕후가 군량을 횡령했다고 알린 뒤 다시 큰 말로 군량을 지급하여 소동을 잠재웠다.

물론 이와 동시에 군령이 하달되었다.

"삼일 안에 수춘성을 점령하라. 그렇지 않으면 모두 참수하겠다."

마침내 수춘성을 함락시키고 성을 약탈하여 군량을 보충했다.
조조가 작은 말로 군량을 지급하면 소동이 일어날 것을 몰랐겠는가?
일부러 불만을 야기하여 소동을 일으키는 것이 조3모4이고 군량 원래대로 지급하여 소동을 잠재워서 군심을 달래는 것은 조4모3이다.
원래대로 지급하는 조치를 취했으니 공성전에서 몸을 아끼지 마라는 주문을 하기 위한 수준 높은 심리전이다.
조삼모사의 계책 없이 군량을 잘 지급하다가 공성을 독려하는 것보다 효과는 백배인 것이다. 조3모4 다음은 조4모3이고 그 다음은 저공(狙公)의 도토리 자루처럼 군량이 바닥나기 전, 3일 안에 수춘성을 함락시킨다는 특단의 대책이었던 것이다.

정부가 국민연금 지급을 늦추겠다고 했을 때 그 반발을 미리 예측하지 못했을 리 없다. 반발이 발생하자 대통령이 원위치하여 조삼모사처럼 괜히 문제를 만들었다가 이를 해결하는 척하여 국민의 불만을 해소했다. 여기까지는 수순이 맞는데 조조처럼 후수가 없는 것이 애석하다.

군인연금과 공무원연금까지 손보아 일본처럼 통합된 국민연금으로 장래 후손을 위한 대책을 세울 역량은 있기나 한가?

기마민족(騎馬民族)의 전설

2018. 8. 27
출판교육문화뉴스 칼럼

전문가가 아닌 사람의 눈에도 우리는 기마민족과 깊숙이 관련되어 있는 것을 알 수 있다.

아직도 남아있는 북방 기마민족의 유물과 언어에 그 단서가 있다.

경주 천마총(天馬塚)에서 출토된 장니(障泥: 흙받이) 즉 말이 달릴 때 말발굽에서 튀어오르는 흙먼지를 막는 흙받이의 자작나무 껍질에 천마의 그림이 있다.

장니의 천마를 그릴만한 자작나무 껍질은 이 땅에 없는 것이니 저 멀리 북방에서 천마의 전설과 함께 온 것이다.

흉노족의 유물 비마답연(飛馬踏燕: 제비를 밟으며 나는 말)의 청동 조각상 또한 우리 민족과 공유하던 천마 전설을 말하고 있다.

천마에 대해 사마천이 대원열전(大宛列傳)에서 밝히고 있다.
대원은 바로 지금의 키르키즈스탄 오쉬 페르나가 협곡에 있던 나라였다.

다선마(多善馬) 좋은 말이 많고
마한혈(馬汗血) 말은 피 같은 땀을 흘리는데
기선천마자야(其先天馬子也) 그들의 선조는 천마의 자손이다.

천마의 유래를 사마천은 계속 서술한다. 키르키즈스탄 천산산맥의 높은 산 위에 천마가 살고 있었다. 하늘을 날아다니는 이 천마를 사람이 포획할 수 없었으나 그렇다고 손 놓고 보고만 있지 않았다.
천마는 하늘을 나는 재주가 있었지만 사람에게는 천마의 DNA를 채취할 수 있는 수단이 있었다. 발정기에 든 암말 다섯 마리를 저녁에 천마가 출몰하는 산 밑으로 몰고 가서 오색 칠을 한 다섯 개의 기둥에 각각 한 마리씩 묶어두었다.
그리하여 암말에게 유혹된 천마의 후손이 태어나게 되었는데 이것이 바로 한혈마(汗血馬)의 기원이다. 한혈마는 불타는 것처럼 붉은 털을 가진 말인데 흘러내리는 땀이 핏빛과 같다고 하여 생긴 명칭이다.
삼국지에 나오는 여포와 관우가 탔던 적토마(赤兎馬)도 조조가 타던 절영마(絕影馬)가 한혈마다.

한무제가 한혈마를 구하기 위해 이사(李斯)장군을 대원국에 파견하여 천마의 후손인 한혈마가 한나라에 유입되었다. 적토마는 그 한혈마의 후손이거나 아니면 하서회랑을 장악하던 서량자사 동탁이 실크로드를 통해 직접 구입한 한혈마일 것이다.

조조가 타던 절영마(絕影馬)가 대원마(大宛馬)라고 했던 것을 보면 동탁이 적토마를 소유한 경로는 후자일 가능성이 더 크다.

'가라'라는 말이 옛날에는 '검다'라는 뜻으로 쓰이다가 지금은 사어(死語)가 되었다. 한자 려(驪)가 '가라말 려'인데 훈으로 가라말, 검다, 산 이름, 나라 이름 등의 뜻이 있다.

이순신 장군의 난중일기에도 가라마(加羅馬)라는 말이 나오고 국어사전에도 가라마(加羅馬)라는 한자어가 있다. 그런데 가라(加羅)라는 한자어에 '검다'라는 뜻의 어원을 전혀 찾을 수 없으니 가라마(加羅馬)는 음차(音借)한 말이다.

그런데 지금 중아아시어로 카라(kara)는 '검다'라는 형용사다. 지명으로 유명한 '카라코럼'은 검은 바위란 뜻이고 '카라발타'는 검은 도끼이고 '카라즐크'는 검은 말 즉 가라말이다.

아직도 우리에게 근근이 남아있는 검은 말을 뜻하는 가라말은 우리 조상들이 중아아시아에서 온 기마민족임을 입증하는 마지막 남은 한 마디 어휘가 아닌가싶다.

언젠가 티베트에서 석청을 따느라고 연기를 피워 벌떼를 쫓아내고 있는 장면이 TV에 나왔다. 그런데 이때 자막이 나오면서 이 연기를 '머케'라고 하는 것을 보고 크게 놀랐다.

지금에야 벌써 옛날 일이지만 근대화 이전에 우리네 농촌에는 여름밤이면 마당에 자리를 깔고 더위를 식히던 시절이 있었다. 당시 농촌에는 모기가 많아 연기를 피우지 않으면 밖에 앉아있을 수 없었다.

보리타작을 하고 난 뒤 남은 보리 껍질이 불에 잘 타지 않고 연기가 많이 나기 때문에 모깃불로 많이 이용했는데 이 모기를 쫓던 모깃불을 '머케불'이라고도 했다.

북방에서 온 자작나무의 껍질, 천마의 전설, 가라말, 머케불 등이 우리에게 남은 기마민족의 아련한 추억이 아닌가 생각한다.

통계청장의 경질

2018. 9. 3
출판교육문화뉴스 칼럼

　분식(粉飾, 扮飾: 겉치장) 통계를 청와대가 요구했다고 통계청 공무원 노조가 폭로하면서 새로 부임한 통계청장에게서 나올 자료는 보나마나 이미 알만하단다.

　이쯤 되면 통계의 신뢰성에 대한 앞날이 걱정이다.

　참 안타깝다. 통계청장 교체는 바둑에서 말하는 무리한 자충수였다. 대마는 하나가 어렵게 되면 바둑 전체 국면에 그 영향이 파급된다.

　삼국지 모종강평에서 이것을 경고하고 있다.

일착불신(一着不愼)   한 수만 소홀하면
만반개수(滿盤皆輸)   한 판 바둑을 다 진다

분식(粉飾)이나 억지 주장은 후세까지 웃음거리다.
진시황 사후 조고가 황제 호해 앞에서 지록위마(指鹿爲馬)라고 주장했다.

지록위마(指鹿爲馬)   진(秦)의 조고(趙高)가 황제 호해(胡亥)에게 사슴을 바치면서 말이라고 강변(强辯)한 고사(故事)에서 유래. 모순된 것을 우겨서 다른 사람을 속이려는 짓.

조고가 권세를 믿고 사슴을 말이라고 억지 주장을 하니 신하들이 그의 위세 눌려 황제의 편을 들지 않고 조고에게 동조했다. 그래서 아주 잠시 동안 사슴이 말이 되었다. 그러나 결코 오래 갈 수 없는 주장이었고 그의 막강한 권력도 잠시 후 막이 내렸다.

권불십년(權不十年)   권력은 10년을 가지 않고
세불십년(勢不十年)   세력은 10년을 가지 않는다

세상에 영원한 절대 강자가 없다는 철칙을 이곳 초원의 나라가 말하고 있다.

실크로드를 따라 이동하던 유목민이 물 좋고 푸른 초원을 만나 정주하게 되는 곳이 천산산맥이 품고 있는 키르키즈스탄 땅이다.

키르키즈스탄의 북쪽의 길은 천산북로, 남쪽으로 가면 천산남로서 이 실크로드의 요충지 키르키즈스탄에는 현재 대략 40여 민족이 어울려 산다.

클라우제비츠가 말한 전쟁은 또 다른 정치적 수단이었던 것처럼 고대부터 인류는 분쟁 해결과 이익을 주로 무력으로 해결했다.

그리하여 유목민이 물과 초원을 얻기 위해 무력으로 기존 정주민을 밀어내면서 처참한 살육이 일어난다. 또 시간이 지나면 이들도 또 다른 민족에게 밀려나는 비극의 반복에 의한 결과가 다름 아닌 지금 남은 40여 민족이다.

이번 여름, 초원의 등대라는 부라나탑을 찾았다. 천년의 세월을 두고 서 있는 저 소그드족이 세운 25m의 부라나탑은 원래의 높이가 45m였다고 하니 저 정도 건축물을 지은 소그드족 역량은 짐작이 간다.

그러나 초원에서 흔하지 않은 실력자였던 이들도 어느 순간 부라나탑남 남기고 왕궁터와 돌하루방은 잡초 속에 묻혔다. 역사의 무대에서 사라진 소그드족은 행방조차 묘연하다. 저들이 앞의 정주민을 밀어내었지만 자기들만 계속 강자로 남아있으란 법은 없었다.

세월이 지나 다시 세계를 정복한 몽고족이 이 땅을 지배했으나 이들도 떠나고 근세에는 중앙아시아에서 맹위를 떨치던 러시아가 다시 이 땅을 지배했다. 그러나 지금은 이들도 키르키즈스탄의 소수민족 중 하나가 되어 살아가고 있으니 세상사 참 무상한 일이다.

권력은 영원한 것이 아니고 무엇이든 다 가능한 것도 아니다. 그러니 자기의 역량으로 안되는 일을 억지로 분식(粉飾)까지 할 필요가 없다. 물론 그렇게까지는 안하겠지만.

이를 두고 삼국지 평에서 모종강이 말했다.

일착기고 난대적(一着棋高 難對敵)   한 수 위의 바둑은 당하지 못한다

기번산정 총성공(幾番算定 總成空)   몇 판을 더 두어도 소용이 없는 짓이다

천고마비(天高馬肥)의 계절

2018. 9. 10
출판교육문화뉴스 칼럼

　이곳 중앙아시아는 이미 가을 기운이 스며들어 조석으로 겨울옷 없이 밖으로 나기기가 꺼려진다. 이 짧은 가을도 아주 금방 지나가고 9월 중순이면 고산에는 눈이 내린다.
　10월이 오기 전에 유목민은 산에 풀어놓았던 말이나 양도 거두어들인다.

　지금쯤 한국에는 가을이 오고 있을 것이다. 이때면 항상 천고마비(天高馬肥)라는 사자성어가 회자되고, 또 춥지도 덥지도 않아 독서의 계절이라고도 한다.

천고마비(天高馬肥) 하늘이 높고 말이 살찌다. 가을을 말할 때 수식하는 뜻.

그러나 천고마비(天高馬肥)의 원래 뜻은 전쟁하기 좋은 계절이라는 뜻이다. 그 용례가 삼국지에 나온다.

건흥(建興) 8년(AD230년) 추(秋) 7월, 위국의 도독 조진은 병세가 호전되자 마침내 표를 올려 말했다.

"촉군이 수차 경계를 넘어 중원을 여러 번 침범했습니다. 만약 소탕하지 않으면 후에 반드시 근심이 될 것입니다. 지금 천고마비(天高馬肥)의 계절이고 인마(人馬)가 한가하니 바로 정벌할 때입니다. 신이 사마의(司馬懿)와 같이 대군을 거느리고 바로 한중으로 가서 간사한 악당을 멸하여 변경을 평정하겠습니다."

여기서 천고마비는 활과 말을 염두에 두고 하는 말이다. 고대의 전쟁에서 활은 아주 강력한 무기다. 활의 살상력을 높이기 위해서 탄력성을 강화시키는 방법으로 여러 조각을 덧대어 아교로 붙였다. 이 활이 복합활이다. 복합활은 덧대놓은 조각의 아교가 풀어지지 않아야 한다.

천고(天高)는 하늘이 높다는 말이니 즉 습도가 낮음을 의미한다.

그래서 복합활에 사용된 아교가 물러지거나 풀어지지 않아 활의 상태가 최상으로 유지된다. 마비(馬肥)는 말이 살찌고 힘이 있어서 기동력이 있다는 말이다.

이제 가을이 왔으니 강한 활을 가지고 날랜 말을 올라 전장에 나가기만 하면 된다. 바로 전투를 위한 조건이 충분히 갖추어졌다는 표현이 천고마비(天高馬肥)다.

우리의 역사에도 이를 입증하는 사실이 있다. 고려말 원나라를 도와 명나라를 공격하라고 출정시켰던 이성계와 조민수가 위화도까지 갔다가 왕명을 거역하고 회군했다.

회군한 주된 의도는 다른 데 있었으나, 이들은 장마철을 만나 아교가 풀어져 활을 사용할 수 없기 때문에 회군했다고 변명을 했다. 물론 당시 우리나라는 활(弓), 중국은 창(槍), 일본은 도(刀)가 주력무기였기 때문에 수긍이 가는 말이기도 하다.

천고마비는 전쟁하기 좋은 조건을 갖추었다는 말에서 나왔으나, 가을은 독서는 말할 것도 없고 모두에게 무슨 일이든 시작하기 좋은 계절이라는 뜻이다.

이번 가을에는 묵혀 놓았던 어려운 숙제 중에서 하나를 꺼내볼까 한다.

기미 독립선언문이나 제갈량의 출사표 혹은 케네디의 취임 연설문을 외워 보던지, 책장에서 잠자고 있는 키타가타(北方) 겐조(謙三)의 무제기(武帝紀)를 읽는 것도 좋겠다.

출산율 저하와 인구감소

2018. 9. 17
출판교육문화뉴스 칼럼

자유한국당 김학용 국회 노동위원장이 한 발언했다.

"요즘 젊은이들은 내가 행복하고 잘사는 것이 중요해서 애를 낳는 것을 꺼리는 것 같다."

김의원이 출산을 기피하는 것이 청년 세대의 가치관이라 말하기는 했지만 출산을 기피하게 된 그 저변의 경제 문제를 전혀 헤아리지 않았다. 역시 웰빙당다운 말이다.

예나 지금이나 인구는 국력이다.

고대에도 인구의 증감은 주로 경제적인 문제가 주요한 원인이었다.

흉년으로 인한 식량 부족은 당면한 경제 문제이다. 또 전쟁이 일어나면 직접적으로 전투에 참여한 사람과 군수물자 생산과 운송에 필요한 전투지원 인력이 경제활동에 참여할 수 없게 된다. 거기에다 생산을 담당하던 백성은 전란을 피해 생산 현장을 떠났다.

그래서 전쟁이 일어나면 당시 토지에 기대어 살던 사람들의 경제는 말할 수 없이 피폐해졌을 것이다.

물론 전염병도 만만찮은 인구감소의 원인이 되기도 했다. 중세 전 유럽에서 페스트가 유행하여 유럽 인구의 1/3이 죽는 일도 있었다.

그러나 이것은 특수한 경우다.

중국의 삼국시대에는 악재가 겹쳤다. 전쟁, 질병, 흉년, 메뚜기떼 등이 민중을 괴롭혔다.

후한말의 인구는 통전과 진서지리지에 56,486,856명이 등재되어 있다. 그런데 삼국시대 말에 엄청난 일이 일어났다. 역시 같은 통전, 진서지리지에 7,772,811명으로 인구가 감소했던 것이다.

후한말 황건적의 난부터 삼국시대가 끝나는 대략 100여 년의 혼란기 중에 중국 인구가 6/7이나 감소했다. 제일 큰 원인은 제후들 간의 각축전에서 발생한 전사자와 거기에 동반된 식량생산 감소인데 이것 역시도 경제적인 문제이다.

원술이 식량으로 여포와 거래하여 유비를 협공하기로 했으나 여포는 식량만 떼어먹었다. 오히려 원술의 장수 기령과 유비를 화해시키는 에피소드가 바로 원문사극(轅門射戟)의 고사성어다.

원문사극(轅門射戟) 여포가 원문(轅門)에 화극(畵戟)을 세워두고 화극(畵戟)의 작은 가지를 쏘아 맞추면 원술과 유비가 싸우지 말고, 맞추지 못하면 마음대로 알아서 싸우라고 했다.
만약 자신의 제안을 따르지 않으면 자신의 제안을 따르는 편과 연합하여 제안을 따르지 않는 편을 공격하겠다는 데서 유래한 고사성어이다.

결과는 신궁 여포가 150보(1보는 두 걸음으로 약 210m) 밖에 있는 화극의 작은 가지를 맞추어 싸움을 말렸다.

조조의 청주병이 둔전을 했고 제갈량도 기산에서 둔전했으며 강유의 답중 둔전도 모두 경제 문제를 해결하기 위한 노력이었다.

벌떼는 가을에 자신들이 채취한 꿀의 양을 계량하여 전체 벌떼가 봄까지 버틸 수 없는 경제적인 문제가 발생하면 개체수를 강제로 감소시킨다. 그러면 살생부에 오른 벌은 조용히 죽음을 받아들인다.
하지만 사람은 식량이 모자란다고 벌처럼 조용히 무저항으로 죽음을 받아들이지 않는다.
그래서 삼국지는 그 6/7의 사람들이 가능한 온갖 지혜를 동원하여 생사를 걸고 다투다가 죽은 리얼한 생존 투쟁의 현장으로 1800년이 지난 지금까지도 우리에게 생생하고 심각하게 다가오는 이유가 된다.

물론 전쟁에서 발생한 사상자들은 직접적인 전투에 의해서만 죽는 것만이 아니다.

근대까지만 해도 전염병으로 죽은 군인이 전사자보다 많은 경우가 허다했다. 1853~1856년 크림 전투에서 사망한 영국군 병사자(病死者) : 전사자(戰死者)는 10 : 1 이었다.

조직적인 예방과 위생 관리를 하고 있었던 1904~1906년 러일전쟁에서도 병사자는 전사자의 25%이다. 이것은 윌리엄 H. '전염병과 인류의 역사'에 있는 내용이다.

그러나 직접적인 사인이 질병이라도 그 전쟁의 원인 대부분이 경제적인 문제에 있었다.

결론은 인간의 문제에서 경제적인 문제가 가장 심각한 문제이다.

김학용의원은 출산율 저하를 경제적인 문제에 초점을 맞추어 말했어야 했다.

통일은 누가?

2018. 9. 27
출판교육문화뉴스 칼럼

　문재인 대통령이 방문하는 순안공항에 북한 사람들이 환영 행사를 위해 대기하고 있었다. 카메라에 비친 북한 사람들 누구 하나 밝은 얼굴이 없고 무표정하며 가라앉은 무거운 분위기에 정적마저 감돈다. 아직 저곳은 무서운 곳이다.

　통일은 언제인가?
　삼국지는 이렇게 시작한다.

천하대세(天下大勢)   천하의 큰 형세는
분구필합(分久必合)   나누어져 오래되면 반드시 합쳐지고
합구필분(合久必分)   합쳐져 오래되면 반드시 나누어진다

어느 민족이나 통일과 분열은 있지만, 한반도 분단은 당장 우리 세대가 당면한 일이다. 통일이 언제될 것인지 삼국지에서 찾아보자. 삼국지는 통일에서 분단, 분단에서 통일이 되는 과정에 대한 이야기이기 때문이다.

전한이 200년 만에 망하자 이를 광무제가 통일하여 후한 200년의 시대를 열었으나 후한도 말기에 이르러 극심한 정치, 사회적인 혼란을 겪는다.

이 혼란기 군웅할거에서 진(晉)의 사마염이 통일하기까지 대략 100년간의 이야기를 엮어가는 것이 삼국지(三國志)다.

전한과 후한의 통일은 대략 200년씩이고 삼국시대의 분단 기간은 100년이었다. 모종강은 삼국으로 천하의 형세를 논했지만 남북한 분단도 이제 73년이 되었으니 지금 남북한 현실에서 시사하는 바가 크다.

위득천시(魏得天時)   위(魏)는 하늘의 때(天時)를 얻었고
오득지리(吳得地利)   오(吳)는 지리의 이점(地利)을 얻었으며
촉득인화(蜀得人和)   촉(蜀)은 사람간의 화합(人和)을 얻었다.

천시(天時), 지리(地利), 인화(人和)는 맹자에 나오는 말이고 전쟁을 예로 들어서 구체적으로 해석하고 있으며 인화(人和)를 최고의 조건으로 보고 있다.

천시(天時)는 불여지리(不如地利)

하늘이 준 기회는 지리적인 이점만 못하고 아무리 적을 침공할 기회가 주어져서 성을 공격해도 적이 튼튼한 성에서 충분한 군량과 방어무기로 버티면 그 기회란 것도 지형지물과 물리적인 조건만 못하고

지리(地利)는 불여인화(不如人和)

지리적인 이점도 사람들의 화합만 못하다.

아무리 성을 지킬 조건이 좋아도 지키려는 의욕이 없어서 사람들이 떠나면 그 조건이란 것도 아무 소용이 없다.

삼국 말기에 촉과 오는 인화를 잃은 국민의식이 문제였다. 촉나라는 내시 황호의 농단으로 인화(人和)를 잃자 하늘을 오르는 계단이라고 한 이태백의 촉도(蜀道) 그 험한 검각(劍閣)도 쓸모가 없었고, 오나라도 내시 잠혼의 농단이 인화(人和)를 해치니 거센 장강(長江)의 물길도 호호탕탕 내려오는 위군의 전함 앞에 무용지물이었다.

영국의 소설가 허버트 조지 웰스(1866~1946)는 'A Short History of the World'에서 모든 제국, 모든 국가, 인간 사회의 모든 조직체는 궁극적으로 이해와 소망의 산물이라고 했다.

로마는 초창기에 가지고 있었던 국민의식에 의해 팽창했으나 점점 로마에 대한 소망과 이해라는 국민의식이 사라지고 자신의 부와 노예만 생각하는 개인이 늘어났고, 로마 자신도 국민에게 국가의 상황을 설명하지도 여론을 구하지도 않았다. 그래서 종말을 맞았다.

이처럼 국가의 운명을 결정하는 것은 국민의식이다.

남한과 북한 어느 쪽이 통일의 주체가 될 것인지는 인화(人和)가 결정한다. 현재 남북한에서 국민의식은 누가 봐도 남한이 먼저 인화를 잃어가고 있다. 좌우로 나누어져 서로를 절대 용납하지 않는 물과 불이다.

전 지중해 연안과 유럽을 재패한 거대 제국 로마의 운명도 국민의식이 결정했는데 한반도처럼 작은 땅에서야 말할 나위도 없다.

진보와 보수를 떠나 정치 지도자나 논객은 자신의 정치적인 입지 구축을 위해 의도적으로 국민의식을 양분시키지 말고 허버트 조지 웰스의 경고를 귀담아 들어야 할 것이다.

언론과 출판의 자유

2018. 10. 2
출판교육문화뉴스 칼럼

트럼프가 저번에 페이크 뉴스라고 하더니 정부가 장악한 한국 공중파도 유투브 1인 방송을 지목하여 가짜 뉴스를 생산한다고 말했다.

공중파 MBC뉴스 시청률이 1%로 떨어졌고, KBS뉴스조차 간신히 10%라고 하니 두 방송사가 이미 뉴스를 전달 매체로서의 기능을 상실한 초조함의 표현이다.

그 원인을 유투브의 가짜 뉴스 탓이라고 말하니 가짜는 가짜대로 조치하고 더 이상 설왕설래(說往說來)할 필요가 없다.

미국의 사학자 칼 로투스 베커(1875~1945)는 '언론과 출판의 자유'에서 공개 토론장에서 의견을 자유롭게 경쟁시켜야 한다고 했다. 사람은 남과 불가피하게 의견이 다를 수밖에 없다. 그래서 모두가 남에게 똑같은 권리를 허용한다면 다른 사람도 의견을 자유롭고 열렬하게 주장하는 것이 허용되어야 한다고 했다.

그래야 가장 이성적인 의견이 나타나고 이것이 일반적으로 받아들여진다는 것이다.

언론은 공개 시장에서 형성되어 국민에게 전해야 하고 경쟁자 없이 생성되면 민주적 원리가 아니라고 했다.

권력자는 싫은 말도 들어야 한다.

삼국지에는 익주의 유장이 한중의 장로를 막기 위해 유비에게 원군을 청하자 유장의 수하인 익주종사 왕루는 유장이 성을 나가 유비를 환영하는 것을 극력 반대하다가 자진했다.

양약고구(良藥苦口) 좋은 약은 입에 쓰지만
이어병(利於病) 병을 다스리는데 이롭고

충언역이(忠言逆耳) 충성스런 말은 귀에 거슬리지만
이어행(利於行) 일을 행하는데 이롭다

자신의 이 충고를 무시하면 유거로(有去路) 무회로(無回路)라고 했는데 왕루의 말대로 결국 유비에게 땅을 빼앗기고 공안으로 쫓겨나 다시는 익주로 돌아올 수 없었다.

유거로(有去路) 가는 길은 있어도
무회로(無回路) 오는 길은 없다.

언론의 자유를 말하는 이런 흔하디 흔한 사자성어는 이제 말하지 않았으면 좋겠다.

삼국지에는 중국 천하를 두고 관도대전을 치른 조조와 원소 두 사람에 대한 인물 특징을 말하고 있다. 원소는 조언을 들으면 화를 내고 조조는 조언을 들으면 기뻐했다고 하는 말이 수없이 나온다.

원소는 자신에게 계책을 말하는 사람의 의견이 아무리 뛰어나도 자기의 감정과 일치하지 않으면 화를 냈다. 그래서 허유를 내치고 전풍을 처형하고 저수를 가두었다.

조조는 우금의 계책대로 복양성 밖 여포의 서쪽 영채를 기습하다가 대패했으나 우금을 나무라지 않았다.

후일 관도대전에서 대패한 원소는 몰락하고 사람들의 의견을 귀담아 듣는 조조는 천하의 패권을 차지했다.

문재인 정권이 생각이 다른 사람들의 말도 귀담아 들으면 사람들의 호감을 얻을 것이고, 칼 로투스 베커가 지적한 민주적인 원리에서 나온 여론이면 국민이 일반적으로 받아들인다는 것을 명심해야 할 것이다.

천산자락의 능금나무

2018. 10. 8
출판교육문화뉴스 칼럼

내가 매일 나가는 산책길은 탈라스 숲이다.

키르키즈스탄 탈라스 시립운동장도 탈라스강의 삼각주에 있다. 섬 안의 호젓한 숲길에서 간혹 말을 탄 목동을 스치기도 하지만 새소리와 바람소리만 들리는 곳이다.

이곳을 걷던 어느 날, 바스락거리는 낙엽 소리에 불현듯 가물가물한 추억 속의 능금이 떠올랐다.

어린 손에 쥐기라도 하면 애지중지했던 바로 그 능금은 고방(庫房)의 나무 궤짝에서 소중히 명절을 기다리고 있었다. 객지 생활도 어지간하고 환갑을 넘겼는데 어린 시절을 회상하니 그리움에 마음이 여려져 눈물이 흐른다.

옛날에는 사과란 말은 없었고 능금이라고만 했다. 같은 종의 과일인데 언제부터 모두가 사과라고 부르기 시작했는지 이미 기억에서조차 멀어졌다. 이제 능금은 사라지고 사과만 우리에게 남았다.

이곳 탈라스 숲에는 가을이 오면 야생으로 자라는 온갖 종류의 사과 열매가 주렁주렁 매달린다. 크기도 다르지만 색깔은 더욱 다양하다.

하양, 주황, 노랑, 자줏빛, 어떤 것은 다 익어도 속살까지 초록 등등.

오솔길을 지나다 마음 내키는 사과나무 가지에다 손만 뻗으면 임자 없는 사과를 딸 수 있다. 더구나 야생으로 자라는 것이니 소맷자락으로 대충 먼지나 닦아서 먹는다.

이곳에 주인이 없으니 사과를 차지하려고 나와 경쟁하는 자는 숲속을 헤매는 소와 말뿐이다. 나한테 맛있는 사과는 또 말한테도 맛있는지 서로 같은 나무를 찾는다.

대부분의 야생 사과는 초가을이면 낙과도 빨라서 열매가 지천으로 땅에 떨어진다. 사과는 썩어가면서도 숲속에 은은히 향기를 날려 산책의 즐거움을 더하게 한다.

사과 맛은 어떤가! 단맛, 신맛, 한약처럼 쓴맛, 떫은맛, 정말 사과 맛도 아닌 그런 맛도 있다.

신맛이 나는 사과를 먹는 비법도 알아냈다. 그냥 평상으로 먹으면 도저히 참고 삼킬 수 없는 것도 달리면서 한입씩 베어 먹으면 신맛이 많이 느껴지지 않는다.

　이렇게 신맛 나는 사과를 먹고 나면 언제 시었냐는 듯이 뒷맛도 좋다. 달콤하고 뱃속이 편안하며 오랫동안 입안에서는 향기마저 돈다.

　사과는 알렉산더의 동방원정 후 유럽에 전해졌다고 한다. 그러니 이브가 아담에게 권했던 과일이 만약 사과라면 에덴동산은 바로 이곳 탈라스 숲이 아닐까?
　바로 공식적인 사과의 원산지가 이곳 천산자락이기 때문이다. 가로수도 사과나무이고 집집마다 뜰에는 사과나무가 수십 그루씩 있으니 아이들도 사과를 예사로 본다.

　원산지인 만큼 야생종도 다양하여 기상천외(奇想天外)한 것들이 많아서 한국 사람들은 듣고도 아마 반신반의(半信半疑)할 것이다.
　흔들어도 떨어지지 않는 꼭지가 질긴 것, 살구만한 것, 벌레를 방지하려고 껍질에 찐득한 기름이 발려져 있는 것, 속살이 붉은 것과 혹은 초록이거나 분홍인 것, 얼핏 보아 아담과 이브가 먹었음직한 마치 감자 모양처럼 아주 둥글지도 않고 또 무척 작은 원시종 등 열거하기도 힘들다.
　내가 보기에 이런 야생종은 보존을 해야 할 것 같은데 이 나라는 전혀 신경을 쓰지 않는다.
　미국이 재빨리 사과나무를 수집하여 종자보관소로 가져갔다는 소문은 들었으나 분명 모두는 아닐 것인데 안타까운 생각이 든다.

중국에 다년생 벼가 자라는 습지가 있었고 한다. 그런데 당시 무지한 중국 당국이 비행장을 건설하면서 매립했다. 다년생 벼는 지금도 가장 아쉬워하는 인류가 잃어버린 야생종의 중의 하나다.

개량종이란 것도 알고 보면 반드시 바로 이런 야생종의 기반이 있어야 가능하다고 하지 않던가! 사람이 개량종을 만들 수는 있어도 자연과 시간이 만들어 놓은 야생종으로 되돌릴 능력은 아직 없기 때문이다.

앞의 실패를 후일에 반복하지 말라는 삼국지 사자성어가 있다.
삼국시대 이릉의 전투에서 70만 대군으로도 동오의 육손에게 대패한 유비를 모종강이 평했다. 관우가 육손을 업신여기다가 대패했는데 유비도 육손을 업신여겨 같은 실수를 했다고 하면서 안타까워 한 말이다.

전사불망(前事不忘)   옛일을 잊지 않아야
후사지사(後事之師)   앞일의 교훈이 된다.

아마 탈라스의 야생종 사과도 중국 야생종 벼처럼 전사불망(前事不忘)이 후사지사(後事之師)일 것이다.

100년의 적폐

2018. 10. 15
출판교육문화뉴스 칼럼

　얼마 전에 유튜브를 보다가 깜짝 놀랐다. 블라디보스톡에서 시베리아 횡단열차를 타고 모스크바로 가는 40여 명의 한국인 여행객이 있었다. 중도(中途)에 이르쿠츠크에서 내려 바이칼호수의 알혼섬을 관광하러 갔다. 이 사람들이 알혼섬의 숙소 앞에 모이더니 뜻밖에도 플래카드를 펼쳐 '대한독립 만세'를 세 번이나 불렀다.

　물론 무심결에 그랬겠지만 지금의 대한민국 정부는 탄생하고부터 아직까지 남의 식민지가 된 적이 한 번도 없는데, 어찌하여 러시아 땅까지 가서 독립을 해달라고 그렇게 애타게 외치는가?

여태껏 독립을 유지해왔는데도 독립을 해달라고 외치는 국민이 세상 어디에 있는가!

혹시 미래에 나라를 잃고 식민지가 될 것을 미리 알고 그랬다면 몰라도.

나는 종종 주위의 사람들에게 수수께끼임을 전제하고 질문을 던진다.

"민족대표 33인이 1919년 3월 1일 파고다 공원에서 민족의 독립을 선언하며 만세를 부를 때 무엇이라고 외쳤겠느냐?"

1. 임시정부 만세
2. 한국독립 만세
3. 대한독립 만세
4. 대한제국 만세

모든 사람들이 어이없어 하다가 '대한독립 만세'를 선택하지만, 사실 위에 있는 네 개 항목에는 정답이 없다.

기미(己未) 독립선언문(獨立宣言文)에 정답의 단서가 있다.

오등은 자에 아 조선의 독립국임과 조선인의 자주민임을 ……,

금일 오인의 조선독립은 조선인으로 하여금 ……,

조선건국 4252년 3월 0일,

조선민족대표 등 조선이란 말이 여섯 번이나 나온다.

물론 기미 독립선언문에는 거사일을 3월이라고만 밝혔지 정확한 날짜는 명시하지 않았다. 민족대표들은 이미 약속된 그날을 알고 있었겠지만 선언문의 정보가 혹시라도 일본경찰에 넘어갈지 모른다는 노파심에서 그랬을 것이다.

3월 1일이니 설사 3월이라는 정보를 일본경찰이 알았다하더라도 생각할 여유를 주지 않고 바로 기습적으로 시위할 수 있는 주도면밀함도 엿보인다.

하여튼 기미 독립선언문에는 대한(大韓)이란 '대(大)'자는 없다.

나는 기미 독립선언문 전문과 공약삼장 그리고 민족대표 33인의 이름까지 외우고 있다. 어떤 기회에 옛날부터 가진 의문에 대해 당시 직접 만세를 불렀던 1900년생에게 물어보았다.

"독립 만세를 부를 때 어떻게 불렀습니까?"

이미 어떤 확신이 있었던 나는 대답을 기다리지 않고 물었다.

"조선독립 만세라고 불렀지요?"

그러자 그분이 하신 말씀이 또한 의외였다.

"아니, 그냥 조선만세라고 불렀다."

우리는 3.1절 행사, 8.15광복절 행사 등을 가리지 않고 대한독립 만세라고 외치지만 1919년은 말할 것도 없고 1945년에도 대한민국은 등장하지 않았다. 대한민국 정부수립은 1948년이다.

대한독립 만세라고 부르게 된 시초는 대략 짐작이 간다. 과거 어느 시절에 조선이란 말은 북한 즉 북조선을 지칭한다고 하여 회피했으니 조선만세나 조선독립만세라고는 부를 수는 없었을 것이다. 그리하여 이것이 아직까지 가감 없이 그대로 전해져 온 것이다.

그러나 과거 3.1절이나 8.15광복절에 실제로 불렀던 조선만세가 아무리 진실이라고 해도 이 구호는 현실 정서에 맞지 않다. 나는 '대한독립 만세' 대신에 '대한민국 만세'라고 부르는 것이 좋다고 생각한다. 대한민국의 영원한 장래를 기원하는 의미가 포함되어 있으며 다른 나라도 '우라 러시아, 비버 프랑스' 등 다들 이렇게 부른다.

독립을 한 번도 잃지 않은 대한민국을 두고 독립만세를 외치는 것은 민족의 장래에 대한 불길함을 예시하는 구호인지라 내용을 아는 사람으로서는 듣기 거북하다.

대한독립 만세라는 100년의 적폐를 지금에 와서 역사적인 사실에 맞게 바로 잡으려면 삼일절 노래를 비롯한 모든 것을 바꾸어야 하니 그 일이 어마어마하단다. 그래서 차라리 그냥 덮어두자고 한다. 정말 그렇게 절박한 사정이 있으면 진실이나 제대로 알려주고 국민의 이해를 구해야 하지 않을까?

국민이 진실을 모른다고 하여 계속 덮으면 시간이 지날수록 욕개미창(慾蓋彌彰)이다.

욕개미창(慾蓋彌彰)   진실을 덮으려다 잘못이 더욱 드러남 삼국지에서는 십상시를 제거할 때 이와 같은 뻔한 수단은 통하지 않는다고 진림이 하진에게 충고한 말이 있다. 바로 엄목이포연작(掩目而捕燕雀)이다.

엄목이포연작(掩目而捕燕雀)

자신의 눈을 가리고 제비와 참새를 잡으려하다. 눈 가리고 아웅하다.

엄목이포연작(掩目而捕燕雀)은 여씨춘추(呂氏春秋)의 엄이도령(掩耳盜鈴)에서 파생한 말이다. 어떤 사람이 큰 종을 훔치려는데 종이 너무 무거워 부수어서 운반하려고 자기의 귀를 막고 종을 깨뜨렸다. 즉 자기가 듣지 못하니 다른 사람도 종을 깨는 소리를 듣지 못할 것이라고 여겨 생각해낸 것이 엄이도령(掩耳盜鈴)이다.

그래서 엄목이포연작(掩目而捕燕雀)은 제비와 참새를 잡으려고 하면서 우선 자신의 눈을 가리고 제비와 참새에게 '나도 보지 못하니 우리 다 같이 안 보이는 것으로 하자.'는 식이다.

마치 내가 모르는 척하며 대한독립 만세라고 외칠 것이니 너는 아무 생각하지 말고 그냥 대한독립 만세라고 따라 부르라는 것과 무엇이 다르랴?

문재인 정부여! 다른 것이 적폐가 아니고 이런 것이 적폐다. 이제 100년이나 쌓였던 가장 큰 적폐를 청산하고 '대한민국 만세'를 힘차게 부르자.

득롱망촉의
키르키즈인 생활

2018. 10. 21
출판교육문화뉴스 칼럼

　탈라스는 일찍부터 눈이 내린다. 고산지대에는 일찌감치 9월 중순이면 눈이 내리지만, 사람들이 사는 분지의 저지대에는 10월 중순부터 눈이 온다. 지금 길가에 늘어선 수양버들, 백양나무, 자작나무에는 벌써 눈꽃이 피었다. 탈라스는 이미 백설 천지다.

　인적 끊어진 들녘 길 멀리서 우는 당나귀 소리가 적막감을 더하니 나그네의 마음은 바로 이릉전투에서 패하고 백제성 쓸쓸한 영안궁에 거처하는 유비의 그 마음이다. 이를 삼국지의 사자성어가 전한다.

낙일엄조(落日掩照)　해가 지고 날이 저무니
하등창량(何等蒼凉)　몹시도 처량하구나

명색이 도시라고 하지만 대부분의 중앙아시아 소도시가 그러하듯 유목을 하며 농사를 짓는다. 지금 농촌의 눈 덮인 산천에는 두서너 명씩 무리지어 짐승 발자국을 따라가는 말을 탄 사냥꾼뿐이고, 마을길에는 인기척조차 없다.

태생이 걱정을 할 줄 모르는 사람들이라 물질에 대해 소탈하고 정신세계는 선명한 편이다.

이들이 사는 모습을 보면 예전에 종종 들었던 '사람 사는 것이 팔모다.'라는 말이 실감난다. 팔모란 '모'자가 방(方)자의 훈이니 팔모란 바로 팔방(八方)이다. 즉 팔방미인(八方美人)의 팔방처럼 '여러 방면으로 다양하다'는 뜻이다.

그래도 궁색하게 보이지 않는 것이 참 신통하다. 1인당 국민소득 1천 달러를 가지고도 키르키즈인은 아무 문제없이 살고 있으니, 1인당 GNP가 실재(實在)를 제대로 반영하는 것이 아닌가 보다.

원래 키르키즈인은 과거부터 양과 말, 소를 데리고 평지와 고산을 오르내리며 계절에 따라 이동하는 수직유목을 했던 사람들이다. 지금이야 정착한 정주민이 되었지만 달리 할 일도 없는 이들은 아직까지도

대부분 유목 전통을 유지한다. 또 정원에는 과실나무를 심고 들판으로 나가서 농사를 짓기는 하지만 소득은 보잘것없다. 그래도 태평스럽다.

이곳 사람들의 아침 기상시간은 보통 8~9시다. 일찍 일어나도 막상 할 일도 없고, 일이 없는데 돈이 있을 리 없다. 은행도 이용하지 않고 돈을 침대 밑이나 카펫 밑에 숨긴다. 집집마다 면면을 살핀다면 500솜(한화 8,000원)이 없는 집도 많다고 한다.

이런 경제적 현실을 바자르(재래시장)가 잘 대변하고 있다. 바자르에 벌여 놓은 좌판에는 신발, 의류, 주방용품, 가전제품 등 중국산 싸구려 물건이 넘친다. 중국 상품은 가격이야 예상 밖으로 싸지만 작동하는 자체가 신기할 정도로 너무 허접하다. 이런 상품으로도 이미 중앙아시아를 제패하고 키르키즈 바자르를 점령했다는 현실이 바로 이곳 주민들의 경제력, 구매력을 말하고 있다.

사람만 우리와 다른 것이 아니고 천산의 개도 문화적인 차이는 극복하지 못한다. 얼마 전에 이동식 천막인 유르트 앞에서 빈둥거리는 개에게 마른 오징어 다리를 던져준 일이 있다. 호기심이 발동한 녀석은 금방 냄새를 맡으려고 다가왔으나, 냄새를 맡자마자 별안간 펄쩍 뛰어올라 뒤로 피했다. 생전 처음 경험한 냄새에 몸을 부들부들 떨면서 두려워하는 모습을 본 우리 일행은 폭소를 터뜨렸다.
시간조차 정지한 평온한 삶을 사는 이들을 보면서 한국 사람들과 비교하면 사실 누가 더 행복하게 사는지 모를 일이다.

만족이란 자기 스스로 결정하는 것이다.

조조가 장로를 정벌하여 동천(東川)을 얻자, 사마의가 조조에게 "유비가 점령한 서천(西天)으로 진군하자."고 조언했다. 그러나 조조는 오히려 사마의에게 지족불욕(知足不辱: 만족함을 알아야 욕되지 않는다)이라고 점잖게 말했다.

인고 부지족(人苦 不知足)　사람이 족한 것을 모르면 고통스럽다

득롱 부망촉(得隴 復望蜀)　농(隴)을 얻고 다시 촉(蜀)까지 바란단 말인가?

득롱부망촉(得隴復望蜀)은 바로 득롱망촉(得隴望蜀)의 뜻이다. 외구순(隗寇恂)이 항복하여 농서(隴西)를 얻은 후한 광무제가 "인간의 욕심은 끝이 없어서 농서를 얻고 나니 촉(蜀)을 얻고 싶다(得隴望蜀)."고 말했다. 즉 욕심을 자제해야 한다는 말이다.

득롱망촉(得隴望蜀)　농서(隴西)를 얻고 다시 촉까지 바라다.
　　　　　　　　　　　사람의 욕심이란 끝이 없어서 자제하기 힘들다.

현재 주어진 환경에 만족하며 사는 키르키즈인처럼 조조도 사마의

에게 득롱부망촉(得隴復望蜀)이라 말하며 스스로를 자제했다. 동천(東川)전투에서 피로해진 대군을 이끌고 서천(西川)으로 진군하면 모두를 잃을 수 있으니 현실과 능력을 벗어나 추구하는 것은 바로 허욕이라는 말이다.

어느 독재자의 고백

2018. 10. 29
출판교육문화뉴스 칼럼

　리비아의 카타피, 이라크의 후세인 등이 비참한 종말을 맞은 것이 불과 얼마 전인데 지금 우리나라 주위에는 독재자들이 우글거리기 시작했다.
　우리에게 직접 영향을 미치는 독재자들로 황제를 선포한 중국의 시진핑, 짜르에 등극한 러시아의 푸틴, 북한의 김씨 절대왕조다.

　조조가 건안(建安) 15년(210년) 업군(鄴郡)에 동작대(銅雀臺)를 완성하고 문무관리들을 모아 잔치를 열어 축하했다. 그날 무술대회와 한

시 백일장도 열었다.

먼저 무인들이 무술대회를 마치고 나자, 왕랑(王朗) 종요(鍾繇) 왕찬(王粲) 진림(陳琳) 등 문인들이 글을 지어 조조에게 천자가 되라고 권했다.

삼국시대 명실상부(名實相符)한 독재자인 조조는 글을 쭉 흝어본 뒤 자신의 심정을 솔직히 고백했다.

"내가 처음부터 권력을 잡으려고 하지 않았다. 천하의 군웅을 제거하다 보니 지금의 위치가 되었다. 나는 이제라도 모든 것을 내려놓고 무평후(武平侯)의 직으로 돌아가고 싶으나 현실이 허락하지 않는다."

덧붙여 조조가 말하는 다음의 사자성어가 바로 동서고금 여느 독재자의 심정이다.

일해병병(一解兵柄)　한 번 칼자루(병권)를 놓으면
위인소해(爲人所害)　다른 사람에게 해침을 당한다.

조조는 독재 과정에서 무수한 사람을 죽였다.
동승의 반란 계획이 누설되자 가담한 자와 동귀인까지 살해하고, 후일에는 복황후를 시해하고 또 김의 등의 반란을 제압하면서 많은 사람들을 죽였다. 그래서 권력을 내려놓는다면 그의 안전은 보장될 수가 없었다.

이것을 두고 모종강은 조조의 말이 사실이고 기호지세(騎虎之勢)라고 평했다.

모종강이 평한 기호지세(騎虎之勢)는 호랑이를 타고 달리는 사람이 중도에서 내리면 호랑이에게 잡아먹히는 것처럼, 독재는 중도에서 그만 두거나 물러날 수 없는 형세이다. 호랑이 등에 올라타면 호랑이나 사람 둘 중에서 누군가 하나는 끝장이 나야 한다.

이처럼 독재자는 독재를 계속하거나 그가 죽어야 끝나는데 어찌 조조가 모든 것을 내려놓고 향리로 돌아갈 수 있을까? 시대만 달랐지 이 점에서는 북한의 김정은도 마찬가지다.

그리고 독재자는 좋은 결말로 끝나지 않는다. 조조 가문이 그랬던 것처럼 중동과 아프리카의 독재자들 또 우리나라 10.26도 마찬가지다.

독재는 혼자하는 것이 아니다.

유비를 한중왕(漢中王)에 오르라고 제갈량을 위시한 신하들이 권했다. 이들은 유비가 권력을 잡으면 반룡부봉(攀龍附鳳)하여 영화를 누리겠다고 했으니, 독재자 주위에는 항상 독재를 부추기는 사람들이 있어서 독재가 가능한 것이다.

반룡부봉(攀龍附鳳) 용을 끌어잡고 봉황에게 붙는다.
능력 있는 권력자를 좇아 공명을 세움.

독재는 집단이다. 그런데 김정은만 잘 설득하여 북한 비핵화도 이루고 한반도 평화를 가져올 것처럼 말하고 있는데 참 순진하다.

독재자 조조가 권력을 언제 내려놓았던가? 김정은도 자신의 힘을 내려놓지 않고 오로지 남한을 적화하여 남한 사람을 어떻게 숙청할 것인가만 생각할 것이다.

그의 아버지 김정일이 한 말이 있다.

"남한을 적화하면 남한 인구 1천만 명을 숙청하겠다."

베트남이 통일된 후 공산정권은 자신들에게 열렬히 협력했던 베트콩부터 제거했다.

이것을 보면 공산정권의 속성상 남한의 주사파나 친북세력을 제일 먼저 소모품으로 삼을 것인데 저들은 어찌하여 이것을 모르는가?

평화에 대한 노력이야 계속해야 하겠지만 독재자를 너무 믿지 않았으면 하는 바람이다.

천산험로에 펼쳐진 만년설

2018. 11. 5
출판교육문화뉴스 칼럼

　키르키즈스탄의 수도 비쉬켁에서 고선지장군의 전적지 탈라스주(州)까지 가려면 300km가 넘는 길을 가야 한다. 도로도 열악하고 3586m의 티아쇼 패스와 3330m의 얻더먹 패스라는 두 개의 고갯길을 넘어야 하니 족히 6시간은 걸린다.
　유일한 대중교통 수단인 허름한 총알 택시로 천야만야(千耶萬耶)한 협곡을 꾸불꾸불 돌아서 오르다보면 택시는 가쁜 숨을 내쉰다. 초행길 그렇게 마음을 졸여 넘었건만 사람은 과정의 반복에 빨리 익숙해지는 것 같다. 천산 험로는 그대로이건만 이제는 티아쇼 고개조차 무섭지 않다.

삼국지 권두시 한 구절이 생각난다.

청산 의구재(靑山 依舊在) 청산은 옛 그대로 이건만
기도 석양홍(幾度 夕陽紅) 세월은 많이도 흘렀구나

티아쇼 고개를 넘으면 풍경이 일변하고 대초원이 펼쳐지면서 풀을 뜯는 말떼와 유목민의 이동식 천막이 띄엄띄엄 모여 있다. 이름하여 수삼무르 대평원, 고선지 장군도 이곳을 지났다고 하는데 해발고도가 높아서 아무리 여름밤이라도 난방을 해야 한다.

천산산맥이 좌우로 둘러싼 새파란 하늘 아래에는 수삼무르 초원이 펼쳐지고 수시로 내리는 이슬비에 의지하여 유목을 한다. 시원한 공기에다 초지도 풍성하고 짐승을 귀찮게 하는 파리조차 없으니 유목을 하기에 그야말로 최적의 환경이다.

당나라 시인 이백(李白)은 아버지를 따라 키르키즈에 머물렀다. 그는 마치 이 수삼무르 풍광에 감명을 받은 듯 산중문답(山中問答)이란 시(詩)를 남겼다.

문여하사 서벽산(問余何事 棲碧山) 어찌하여 이런 산골에
사느냐 묻기에

소이부답 심자한(笑而不答 心自閑)　웃으며 대답하지 않았으나 내 마음은 한가롭네

도화유수 묘연거(桃花流水 杳然去)　복숭아 꽃잎은 물길을 따라 아득히 흘러가는 곳

별유천지 비인간(別有天地 非人間)　여기는 별천지 인간세상이 아니로다

고전은 글을 지은 당사자가 현존하지 않으니 해석이 자유롭다. 더구나 시는 더더욱 정해(正解)가 없다. 그래서 내 마음대로 해석하고, 마치 이백의 시상(詩想)이 이러할지니 하고 감상(鑑賞)하며 이 시를 종종 읊는다. 이백이 살아온다 해도 나는 이 시상을 그에게 우길 참이다.

삼국지에는 진진(陳震)이 유비의 심부름으로 성도의 청성산 서쪽에 사는 이의(李意)라는 은자를 초빙하러 가는 모습이 보인다.

이의는 300여 세를 살아온 생사와 길흉을 안다는 당대의 신선이었다. 진진이 나무꾼에게 길을 물어 찾아간 청성산 골짜기도 마치 수삼무르와 같다.

산곡심처(山谷深處)　산골짜기 깊은 곳
요망선장(遙望仙庄)　멀리 신선 사는 곳 보이는데

청운은은(靑雲隱隱) 높은 구름 은은하고
서기비범(瑞氣非凡) 상서로운 기운도 범상하지 않았다

수삼무르 초원을 1시간 더 달리다가 우회전하면 얻더먹 고개로 가는 길이다. 만년설이 쌓인 이 고개를 넘어야 탈라스 분지가 나온다.

비쉬켁에서 탈라스까지 가는 이 길도 어렵지만 천산 험로는 도처에 상상을 초월하는 곳이 많다. 송쿨 호수에서 수삼무르로 통하는 지름길은 산을 지나면 또 가파른 산이 나오고 골짜기를 지나면 또 까마득한 골짜기가 나타나는 그야말로 끝도 없는 협곡의 비포장도로를 12시간 내내 달려야 한다. 자동차 두 대가 비킬 수 없는 좁은 길 아래의 낭떠러지 밑바닥에는 만년설이 녹아 모인 계곡물이 세차게 흐른다.

중국 사람이 이곳의 산과 만년설, 사람의 발길을 허용하지 않는 비경을 외경(畏敬)하여 천산(天山)이라고 불러 지금의 텐샨(TIEN-SHAN)이 되었다. 현재 중국 국경은 천산의 정상은 넘지 못한 천산산맥의 동쪽 일부를 차지하고 파미르 고원 쪽은 타지키스탄, 파미르 고원의 서쪽 산맥은 우즈베키스탄 영역이다.

키르키즈스탄은 천산산맥에 둘러싸인 그야말로 산악국이고 만년설의 아름다운 나라다.

췌마(揣摩)로 헤아리는 김정은의 마음

2018. 11. 12
출판교육문화뉴스 칼럼

남북이 70년 적대관계를 청산하고 한반도에 새로운 평화의 시대를 연다고 한다.

김정은이 진정 평화를 원한다면 더할 나위 없이 좋은 일이지만, 우려와 반대의 목소리가 높은 것은 저들의 진정성을 우리가 믿지 못해서다.

문재인 정부가 성급히 김정은에게 동조하는 모습에서 제대로 지피지기(知彼知己)를 하고 있는지 모르기에 더욱 불안한 것이다.

상대를 알아야 한다. 김정은의 속셈을 알아야 한다.

고대에 상대의 마음을 읽는 지혜가 존재했었다. 사마천의 사기 소진(蘇秦)전에 의하면 소진이 스승 귀곡자(鬼谷子)에게서 췌마(揣摩)를 배웠다고 한다. 소진이 처음에는 배운 이론대로 바로 사람을 설득하려고 했으나 실패했다. 그래서 다시 집안에 틀어박혀 혼자서 각고의 노력으로 췌마술의 심화과정을 익힌 뒤 세상에 나왔다.

일개 무명인 필부 소진이 전국시대 천하를 횡행하며 합종책(合縱策)으로 여섯 나라를 설득하여 연합세력을 만들었다. 소진은 마침내 여섯 나라 재상을 지내며 진(秦)나라를 견제했다.

그의 생전에는 합종책 때문에 진나라가 중원으로 들어오지 못했으나 소진이 죽자 장의(張儀)가 연횡책(連橫策)으로 합종책을 깨뜨려, 마침내 6국은 무너지고 진(秦)나라가 천하를 통일했다.

소진이 배운 췌마(揣摩)는 바로 다른 사람의 마음을 내 마음에 빗대어 상대의 마음을 파악하는 고대의 심리학이자 독심술이다.

췌마는 태봉국을 세웠던 궁예의 관심법(觀心法)과 다르다. 관심법은 궁예의 언행으로 보아 직관을 바탕으로 다른 사람의 마음을 읽으려고 시도한 것에 불과하다. 그러나 궁예는 왕건의 마음을 읽는데 실패하여 왕건에게 죽었으니 그의 관심법은 엉터리다.

삼국지에는 췌마가 도처에 들어있지만 독자는 이것을 미처 깨닫지 못하고 그냥 지나친다. 그래서 삼국지를 읽는 사람은 자신도 모르게 자연스럽게 췌마를 체득하게 된다는 사실조차도 모른다.

삼국지를 세 번 읽은 사람과 시비하지 말라는 말이 있다. 삼국지에 계책이 많이 나오니 그런 계책을 배워 남을 상대한다는 의미 같으나 실제로 이것은 전혀 사실이 아니다.

삼국지를 아무리 많이 읽어도 현실에서 써먹을 잡술은 거의 없다. 그런데도 삼국지를 세 번 읽은 사람과 시비하지마라는 말이 생겨난 것은 바로 이 췌마가 있기 때문이다.

삼국지 췌마는 세 단계가 있다.

초급 단계의 췌마는 조조와 진궁이 도망을 가는 중에 있다. 어느 날 밤 같이 주막에서 숙박을 하고 아침에 일어나니 진궁의 모습이 보이지 않았다. 사태를 파악한 조조가 말했다.

"어제 내가 한 말을 듣고 진궁이 떠났구나."

전날 그가 여백사를 살해한 뒤, 진궁에게 "내가 천하 사람을 저버릴지언정 천하 사람이 나를 저버리지 않게 하겠다."고 했던 말을 상기하고 짐작하여 내린 판단이다.

그러나 이 정도는 조금만 생각하면 금방 알 수 있는 낮은 단계의 췌마이다.

중급 단계의 췌마는 서천으로 진군하던 유비가 전세가 불리하여 형주 제갈량에게 원군을 구하는 서신을 보낸 것에 대한 제갈량의 판단이 바로 그것이다.

유비의 서신을 다 읽고 제갈량이 말했다.

"주공께서 누구를 나의 후임으로 하라는 말씀은 없었으나 나는 주공의 의중을 짐작한다."

후임을 누구라고 밝히지 않았는데 제갈량은 유비의 서신을 가지고 온 사자가 바로 관우의 아들 관평이라는데 착안했다. 이것으로 유비의 마음을 알아내고 관우를 자신의 후임으로 삼아 형주 수비를 맡겼다.

이 정도 췌마만 해도 범인이 쉽게 헤아릴 수 있는 것이 아니다.

고급 단계의 췌마는 조조와 손권이 장강을 사이에 두고 싸우던 중, 손권이 조조에게 서신을 보냈는데 이 서신을 본 조조의 말이 바로 그것이다.

손권의 서신에는 느닷없이 이런 말이 나왔다.

족하불사(足下不死)   그대가 죽지 않으면
고부득안(孤不得安)   나는 편안하지 않을 것이오

독자가 삼국지를 아무리 읽어도 이 말의 뜻이 알 듯 말 듯 할 것이다. 그러나 조조는 크게 웃으며 말했다.

"손중모가 나를 업신여기는 것이 아니다."

뜬구름 같은 두 사람의 선문답에 대해 모종강은 조조가 손권을 영웅이라고 여기고 손권도 조조를 영웅이라고 여겨 두 사람이 마음으로 서로를 이해한다고 했다.

곳곳에 있는 이런 췌마를 체득하면 은연중에 자신의 능력이 길러진다. 그래서 삼국지 세 번 읽은 사람과 시비를 하지 말라고 하는 말이 생겼을 것이라고 추정된다.

삼국지를 세 번 읽은 모택동에게 누군가 삼국지에 나오는 전술로 장개석 군대를 이겼느냐고 물었더니, 모택동은 그 많은 것을 어떻게 일일이 기억하여 전투에 적용하겠느냐고 했다. 결국 모택동이 얻은 것도 췌마이지 잡술이 아니다.

나는 경험상 삼국지를 많이 읽으면 한문을 축자(逐字)해석도 하기 전에 직관적으로 글쓴이의 의도를 아는 췌마를 얻을 수 있다고 확신한다.

남북문제가 어디 하루 이틀의 문제였는가? 한국에 어찌 지피지기(知彼知己)하는 사람이 없겠는가?

남북문제에서 문재인 정부가 이념으로 일을 성급히 선도하지 말고 냉정하게 처리한다면 보는 국민의 마음도 편안할 것이다.

왠지 서두르는 것을 보는 것만으로도 불안하다. 세상일은 자기의 생각대로 되는 일은 거의 없다. 삼국지에서는 남북한처럼 오나라와 대치하며 국경에 주둔했던 진(晉)국의 남방군 총사령관 양호(羊祜)가 탄식한 말이 있다.

천하불여의자(天下不如意者) 세상에는 마음대로 되지 않는 일이
십중팔구(十中八九) 열에서 여덟아홉이다

과거 독일인들 통일의 염원이 어찌 우리만큼 열렬하지 않았겠는가? 그러나 그들의 통일도 기회가 오기 전에는 속절없었다.

한반도에는 아직 통일의 기회가 오지 않았다. 그리고 김정은의 속셈은 초급단계의 췌마가 아니라도 알 수 있다.

모든 것을 이렇게 쉽게 내려놓을 김정은이었으면, 자기의 형님도 죽이고 고모부도 살해하고 아랫것들을 마구 처형하면서 독재 권력을 강화하고 또 그토록 집요하게 오랫동안 핵과 미사일을 개발하지 않았을 것이라는 것은 자명(自明)한 일이다.

허허실실(虛虛實實)

2018. 11. 19
출판교육문화뉴스 칼럼

　미국이 북한을, 북한이 남한을 허허실실(虛虛實實)로 대처하고 있다.

　허허실실(虛虛實實)은 일상에서 많이 인용하는 삼국지 사자성어이지만 대부분 그 말의 쓰임이 본래의 뜻과 어긋나 내용이 겉돈다.

　조조가 적벽대전에서 대패하여 북으로 달아나자 패잔병을 사로잡고 물자를 노획하려는 추격대열에 동오군은 말할 것도 없고 유비도 군사를 출동시켰다. 유비의 참모로 군사(軍師)직을 맡은 제갈량이 장수들을 차례대로 출동을 시킬 때 마지막으로 관우에게 군령을 내렸다.

"북으로 달아나는 조조의 패잔병이 화용도(華容道)를 지날 것입니다. 장군은 그곳으로 가서 북으로 향하는 두 길 중, 작은 길에 매복하여 연기를 피우며 기다리시오."

그러자 관우가 반박했다.

"조조군은 큰길로 달아나는 것이 유리합니다. 작은 길에 매복하고 더구나 연기를 피워 인기척을 내면 어찌 조조가 그 길로 오겠습니까?"

그러자 제갈량이 말했다.

"장군은 어찌하여 허허실실(虛虛實實)의 논리를 모르십니까?"

단순히 허실(虛實)을 강조하기 위한 첩어(疊語)라면, 춘추(春秋)에도 밝은 자부심 강한 그 대단한 관우에게 허허실실을 아느니? 모르느니? 하고 충고할 수 없다.

손자병법에도 나오는 허실(虛實)은 겉으로 보이는 적의 의도가 실제로 그러하면 실(實)이고, 저들의 의도가 아군을 속이려고 하는 것이면 허(虛)라는 정도일 뿐이다.

그러나 허허실실(虛虛實實)은 손자병법에 있는 그런 단순한 허실의 뜻이 아니다.

참으로 오래 전 대학을 다닐 때, 지금도 기억에 생생한 조부님의 말씀이 생각난다.

"허허실실(虛虛實實)이 뭐꼬?"

그 당시 삼국지를 10번도 더 읽었을 텐데 도저히 대답을 할 수 없었다. 물론 삼국지 어디쯤에 나오고 누가 누구에게 어떤 상황에서 했다는 것은 잘 알고 있었으나 도저히 설명을 할 수 없었다. 더구나 이런 단도직입적인 물음에는 또 대답이 딱 부러져야 한다.

한참 묵묵부답하고 있을 때 귀에 날아든 단 한마디를 지금도 잊을 수 없다.

"허에는 허, 실에는 실."

더 이상 설명도 없으시고 나도 질문하지 않았다, 너무나 명료하였기에.

그 뜻은 바로 다음과 같다.

허허실실(虛虛實實) 허이허(虛以虛), 실이실(實以實).

허이허(虛以虛) 거짓에는 거짓으로 대처하고
실이실(實以實) 실체에는 실체로 대처한다

이후 40년이 넘은 지금까지 허허실실이란 화두(話頭)를 잡고 손자, 오자, 육도, 삼략, 사마법, 울료자, 이위공문대 등 무경칠서(武經七書)와 온갖 병서를 보았으나 허에는 허, 실에는 실 그 이상의 해석을 찾지 못하고 있다.

다시 삼국지로 돌아가서 허허실실(虛虛實實)을 찾아보자.

관우가 연기를 피우고 조조를 기다리고 있으니 과연 조조는 제갈량이 예측한대로 화용도로 왔다. 선발대가 갈림길을 확인하고 중군으로 되돌아가 조조에게 보고하니 조조가 직접 갈림길을 살피러 왔다.

큰길은 아무런 흔적도 없고 작은 길에서 연기가 피어오르자 조조가 명령했다.

"작은 길로 행군하라."

조조의 부하들은 작은 길은 길도 험하고 연기가 피어나며 인기척이 있다고 반대했다. 그러자 속임수 즉 허(虛)라면 일가견이 있고 손자병법에도 자신의 주를 달았고 또 맹덕신서(孟德新書)라는 병서를 저술한 그 인물, 병법이라면 한 병법하는 조조가 말했다.

"저기 숨소리도 나지 않는 큰 길에 매복군이 있다. 어찌 연기를 피우며 자기가 매복해 있다고 선전을 하겠느냐?"

덧붙여 조조는 병법으로 자신의 주장을 확신하며 설명했다.

허즉실지(虛則實之) 없는 것처럼 보이면 있고
실즉허지(實則虛之) 있는 것처럼 보이면 없다

조조의 명령으로 작은 길을 선택한 조조군은 관우의 500명 교도수(校刀手)를 만나 호된 고난을 겪었다.

조조처럼 허(虛) 즉 속임수에 밝은 사람에게는 속임수로 속인다는 뜻이다. 이것이 바로 허(虛)에는 허(虛) 곧 허이허(虛以虛)다.

실(實)에는 실(實) 즉 실이실(實以實)은 상방곡에서 요화가 사마의를 추격하는 중에 일어났다. 사마의가 필마단기(匹馬單騎)로 달아나

다가 요화에게 따라잡히자 너무 급한 나머지 큰 나무를 돌면서 요화를 따돌렸다.

이때 요화가 사마의를 향해 칼을 내리쳤으나 마침 칼이 나무에 박히는 바람에 사마의는 시간을 벌어 달아났다. 앞에서 먼저 달아나던 사마의는 갈림길을 만나자 자신이 쓰고 있던 황금투구를 동쪽에 던지고 서쪽으로 달아났다.

나무에 박힌 칼을 빼느라 뒤쳐졌던 요화는 역시 사마의의 의도대로 황금투구가 떨어진 동쪽으로 추격했다. 그래서 사마의는 목숨을 건졌다.

이것이 바로 실이실(實以實)이다. 촉의 장수 요화처럼 힘만 쓰고 눈에 보이는 것만 믿는 단순한 무장에게는 실체를 가지고 속인다는 뜻이다.

김정은이 북한의 핵을 가지고 남한 정부에게 쓰는 전략이 실이실(實以實)이다.

북한은 단순하고 자신들의 입장에 성실한 남한 정부(實)에게 풍계리 핵실험장과 동창리 미사일 시설 폭파 미끼(實)를 보여주자 남한정부가 촉장 요화처럼 금방 미끼를 물었다. 이것이 바로 허허실실에서 실이실(實以實)이다.

미국은 남북한을 각각 다른 방식으로 대처하고 있다. 항상 불성실하고 미적대며 애먹이고 속이는 북한(虛)에게는 그들이 잘 쓰는 형태를 그대로 역이용했다.

급할 것도 없다면서 대북 경제제재의 고삐를 틀어지고 북한을 천천히 오랫동안 애먹이며 보상에는 도리어 북한보다 더 불성실한 행태(虛)를 보이는 것이 바로 허이허(虛以虛)다.

미국이 남한을 다루기는 너무 쉽다. 북한의 모든 것을 진실이라고 믿고 동조하는 남한 정부에게는 하는 짓(實)마다 물가에 혹은 불 옆에 있는 어린아이의 행동을 제지하듯 무조건 안된다는 처방(實)만 내리면 된다. 이것이 실이실(實以實)이다.

남한 정부는 김정은의 실이실(實以實)에 이용당하고 또 미국의 실이실(實以實)의 대처로 어린아이 취급당하고, 북한은 미국의 허이허(虛以虛)에 어려움을 겪고 있다.

허허실실의 대상은 영악한 사람에게는 허이허(虛以虛), 그저 맹목적이고 단순한 사람에게는 실이실(實以實)의 계책이 제격이다.

국가의 중대사 결정은 국익과 국가의 미래가 우선되어야 하는 것은 말할 필요조차도 없다.

국가의 장래를 도외시하면서 오로지 관우의 원수를 갚겠다고 맹목적으로 진군하는 유비에게 동오의 장수 한당이 충고했다.

당유소우(倘有疎虞)　만약 소홀한 일이라도 있으면
후회막급(後悔莫及)　일이 잘못된 뒤는 아무리 뉘우쳐도 어찌할 수 없다

한당이 예측한대로 유비는 이릉대전에서 대패하고 촉군 70만 대군은 와해되었다.

그 결과 촉나라는 일찌감치 힘을 잃어 삼국 중에서 약체로 전락하니 제갈량의 국궁진췌(鞠躬盡瘁) 사이후이(死而後已)도 아무 소용이 없었다.

국궁진췌(鞠躬盡瘁) 몸과 마음을 다하여 나랏일에 이바지하다가
사이후이(死而後已) 죽은 후에야 그치다

우리 대통령은 국제 외교무대로 나가서도 외국정상의 실이실(實以實)에 당하고 미국과 북한이 그야말로 남한을 가지고 노는 실이실(實以實)에 당하는 것을 보는 국민의 마음은 안타깝다.

파초(芭蕉)의 꿈

2018. 11. 28
출판교육문화뉴스 칼럼

　탈라스 하늘 위에 구름이 머물다 가면 곧 눈이 내린다. 지난밤 작은 읍내가 눈 속에 묻히고 얼더먹 고갯길도 막혀 수도 비쉬켁으로 가는 국도가 차단되었다.
　이럴 때 나는 혼자서 정적을 깨는 숲속의 딱따구리 소리를 들으며 전인미답(前人未踏)의 백설 위에 발자국을 남기며 고요한 정취에 흠뻑 젖어든다.
　길을 찾아 숲속을 헤치고 가니 유비가 눈을 맞으며 관우, 장비를 데리고 제갈량을 찾아가던 삼고초려(三顧草廬) 시가 생각난다.

일천풍설 방현량(一天風雪 訪賢良)

하늘 가득한 눈발을 헤치고 현인을 찾았으나

불우공회 의감상(不遇空回 意感傷)

빈손으로 가는 마음 감상에 젖는다

동합계교 산석활(凍合溪橋 山石滑)

시내도 얼었고 산길도 미끄러운데

한침안마 노도장(寒侵鞍馬 路途長)

갈 길은 멀고 추위는 말안장을 파고드네

당두편편 이화락(當頭片片 梨花落)

편편히 떨어지는 배꽃은 머리 위에 내리고

박면분분 유서광(撲面紛紛 柳絮狂)

버들꽃이 어지러이 얼굴을 스친다

회수정편 요망처(回首停鞭 遙望處)

채찍 놓고 머리 돌려 멀리 바라보니

난은퇴만 와룡강(爛銀堆滿 臥龍岡)

반짝이는 은가루 와룡강에 쌓였구나

'버들꽃이 어지러이 얼굴을 스친다.'란 구절을 한국 사람은 이해하기 힘들 것이다. 우리와 달리 북방 나라에는 버드나무가 많다. 5월이 시작되면 버드나무 숲에서 솜털처럼 하얀 버들꽃이 바람에 분분히 날린다. 땅에 떨어진 버들꽃은 바람을 따라 굴러다니며 공처럼 뭉쳐지기도 한다.

삼국지에는 유성(柳城)이 등장하고 조조와 원소가 관도에서 싸울 때 원소군은 오소(烏巢)에 군량을 저장했다. 까마귀 집이라는 뜻인 오소의 지명을 보아 아마 그곳에는 물길이 있고 그 물길을 따라 버드나무 숲이 있었을 것이다. 고전에서 북방을 이렇게 말했다.

가가유수(家家流水) 집집마다 물길이 흘러들어가고
호호수양(戶戶垂楊) 가정마다 버드나무가 있다

이곳 탈라스는 말할 것도 없고 키르키즈의 촌락은 거의 정경이 비슷하다. 어디를 가도 아름드리 버드나무가 있고 그 위에는 까마귀가 집을 짓고 산다.

탈라스를 둘러싼 천산산맥 등성이 위에는 항상 하얀 구름이 자리를 잡는다. 이 구름이 정상을 넘어 한 조각, 두 조각 분지 위에 모여 한 사나흘 공을 들이면 어김없이 눈이 내린다.

에스키모라면 탈라스에 내리는 눈을 어떻게 분류하여 부를지 모르지만, 우리의 시각으로는 보면 그냥 싸락눈이다. 날씨가 춥고 습도가

낮으니 한번 내린 이 싸락눈은 좀처럼 녹지 않는다. 그래서 여러 사람이 지나간 눈길은 빙판으로 변하는데 이방인이 현지인 걸음을 따라 조심하지 않고 걸으면 봉변을 당한다.

빙판길은 남자가 여자보다 더 위험하다. 여자는 넘어져도 무게 중심이 먼저 땅에 닿으니 엉덩방아에 그치지만, 남자는 상체가 먼저 땅에 닿기 때문에 머리를 조심해야 한다. 빙판길이 불안하면 지팡이를 가지고 나가거나 현지인처럼 두툼한 모자를 쓰는 것도 한 가지 방법이다.

사람도 사람이지만 더 걱정했던 것은 말이다. 말발굽은 분명 미끄러운데 빙판 위를 어떻게 걸어갈까?

그런데 어느 날 트럭에 실려 가는 말을 보니 그게 아니었다. 미끄러운 적재함에서 한 발을 들기도 하고 서로 밀기도 하며 자기들끼리 여유롭게 장난을 치고 있었다. 그래서 말은 빙판길에서도 아무 일이 없었던 것이다. 저런 현장을 보지 않고는 두 발 짐승이 네 발 짐승의 능력을 어찌 짐작이나 하겠는가!

눈이 오면 세상이 새롭게 바뀌는 것처럼 우리도 새로움을 기대한다. 유비가 제갈량을 찾아 와룡강(臥龍崗)으로 가며 맞던 눈은 어려운 현실을 딛고 일어날 수 있는 내일의 희망을 품고 있었다.

삭풍늠름(朔風凜凜) 북풍이 차갑게 불고
서설비비(瑞雪霏霏) 서설(瑞雪)이 펄펄 날린다

백설의 탈라스 정경은 바로 유비가 보았던 그 와룡강(臥龍崗)이다.

산여옥주(山如玉簇)　　산은 옥을 모은 것 같고
임사은장(林似銀粧)　　숲은 은으로 장식했다

고국 떠난 나그네가 눈 덮인 이국땅 산하를 마주하니, 지난 세월 놓쳤던 애석한 일들이 오롯이 생각난다. 마치 모종강이 동승의 실현되지 못한 꿈을 안타까워하며 삼국지에서 평했던 바로 그 마음이다.

천지몽수(天地夢藪)　　천지는 꿈이 무성한 곳이며
고금몽연(古今夢緣)　　옛날과 지금은 꿈에 서로 연(緣)이 있는 것이고
인생몽혼(人生夢魂)　　인생은 꿈속의 영혼이다

한국이 변하여 키르키즈가 되고 키르키즈가 변하여 천산(天山)이 되는 것은, 파초(芭蕉)가 되고 사슴이 되고 나비가 되는 꿈이러니!

조국을 언제 떠났노
파초의 꿈은 가련하다
남국을 향한 불타는 향수
너의 넋은 수녀보다도 더욱 외롭구나

　　　　　　　　　　　　　　　　(김동명의 시 파초의 꿈 중에서)

북극 한파

2018. 12. 3
출판교육문화뉴스 칼럼

금년 겨울 한반도에 북극 한파가 몰려올 것이라는 장기예보가 있었다.

나는 대략 열흘 후의 한국 날씨를 안다. 이곳 탈라스나 한국이 다 중위도의 편서풍 영향권 아래에 있어서다.

모스크바가 추우면 3000km 떨어진 중앙아시아가 7일 후 추워지고, 중앙아시아가 추우면 5000km 떨어진 한국이 10일 후에 춥다는 뉴스를 종종 듣는다.

물론 슈퍼컴퓨터로도 기상예보는 빗나가기 일쑤이니 대략 추세만 그렇다는 것이다.

　기상예보의 필요성은 유독 현대인에게만 국한된 것이 아니고 옛사람도 지대한 관심사였다. 그래서 1800년 전, 장기적인 기상예측을 위해 노력한 흔적이 삼국지에 숱하게 보인다.
　건흥(建興) 8년(230년) 음력 7월, 위나라는 촉군을 정벌하기 위해 조진과 사마의를 시켜 위군 40만을 출병시켰다.
　한중에 주둔하던 서촉의 제갈량은 장억과 왕평에게 군사 1,000명을 주어 위군 40만 명을 방어하라고 군령을 내렸다. 그러자 두 사람은 자리를 떠나지 않고 서로를 면면상처(面面相覷)했다.

면면상처(面面相覷)　서로 말없이 물끄러미 얼굴만 바라봄.

　행동으로 옮기지 못하는 두 사람에게 제갈량이 해명했다.
　"간밤에 천문을 보니 필성(畢星)이 태음지분(太陰之分: 달의 경계)에 들어갔다. 이 달 안에 반드시 큰 장마가 지며 많은 비가 올 것이다. 위군이 40만이라고 하지만 어찌 감히 산이 험한 촉나라에 들어오겠는가? 그래서 많은 병력을 그대들에게 주지 않은 것이다. 우리 주력군은 한중에서 한 달 동안 편안히 쉬며 이일대로(以逸待勞)하다가 위군이 퇴각하면 질풍처럼 기습할 것이다."

이일대로(以逸待勞)　아군은 편안히 쉬면서 적이 지친 상태로 오는 것을 기다리는 것.

우리의 선조들은 제갈량과 달리 필성(畢星) 옆에 위치한 좀생이별(昴宿: 묘수)을 살펴 한 해 비의 양을 예측했다.

정월 대보름날 보름달이 좀생이별보다 북쪽에 위치하면 내륙지방의 산촌에 풍년이 들고, 보름달이 좀생이별보다 남쪽에 있으면 해안지방에 풍년이 든다고 여겼다. 달빛이 붉은 색이면 가뭄이 들고, 달빛이 흰색이면 장마가 들고, 달빛이 짙은 황색이면 풍년이 든다고 어우야담에 나온다.

서촉으로 진군하던 위군은 진창성을 베이스 캠프로 삼아 머물렀다. 사마의도 천문을 보고 제갈량처럼 필성이 태음지분에 들어 비가 많이 올 것이라는 것을 알고 대도독 조진에게 진언했던 것이다. 그러나 비가 많이 온다는 것만 알았지 한 달이나 장마가 질 것까지는 몰랐으니 사마의 능력은 제갈량보다 한 수 아래라는 모종강의 평이다.

진창성에서 주둔한 위군은 한 달이나 계속된 장마에 군사들이 물속에서 지내게 되니 병사자가 속출했다. 위국 조야에서는 이런 전선의 어려움을 알고 비를 그치게 해 달라고 하늘에 기청제(祈晴祭)를 지내다가 마침내 조진에게 퇴각명령을 내렸다. 물론 촉군은 퇴각하는 위군을 추격하여 대승을 거두었다.

삼국지 최대의 전투인 적벽대전 역시 기상예측이 승패를 결정지었다.

주유가 이끄는 동오군이 수적인 열세를 극복하려면 화공(火攻)을 해야만 했다. 그러나 겨울철 북서풍을 타고 화공을 하면 북쪽의 조조군보다 오히려 남쪽의 동오군이 불을 뒤집어쓸 판이었다.

제갈량이 칠성단을 쌓아 하늘에 동남풍을 빌었다는 그 제갈제풍(諸葛祭風)의 진위는 차치하고 동오군에게는 반드시 동남풍이 필요했다.

208년 음력 11월 20일 갑자일 저녁에 제갈량의 예측대로 동남풍이 불었다.

드디어 황개가 이끄는 동오의 수군이 조조의 수채에 불을 질렀다. 동남풍을 따라 번진 불길이 조조군의 함대를 온통 불태우니 건너편 절벽까지 붉게 물들었다. 그래서 적벽(赤壁)이라는 지명이 생기고 적벽대전(赤壁大戰)이라고 불린다.

삼국지에서는 당시의 상황을 이렇게 표현하고 있다.

화진풍위(火趁風威)　　불은 바람을 따르고
풍조화세(風助火勢)　　바람은 불을 도우며
선여전발(船如箭發)　　화공선이 화살처럼 들이닥치니
화염창천(火焰漲天)　　화염이 충천했다

퇴각하는 조조의 패잔병은 각처에서 매복군의 기습을 받았다. 더구나 큰 비까지 내리니 북으로 향하는 그들의 퇴각로는 험난했다.

천색미명(天色微明) 날이 새면서
흑운조지(黑雲罩地) 검은 구름이 대지를 뒤덮었다
대우경분(大雨傾盆) 비가 동이로 들어붓는 것처럼 쏟아져
습투의갑(濕透衣甲) 갑옷이 다 젖었다

삼국지연의에 실린 이 내용은 전형적인 저기압 날씨의 형태다.
저기압은 동풍=〉동남풍=〉서풍=〉북서풍의 순으로 분다. 이와 동시에 상승한 대기의 영향으로 흐리고 비가 오기 쉽다.
적벽대전 그날 밤 시작된 장강 수면의 동남풍 영향으로 다음날 조조군이 퇴각하는 오림에서 화용도까지는 엄청난 비가 쏟아졌다.

우리나라에서도 라디오로 기상예보를 하던 그런 시절 바닷가에 살던 어부들은 라디오를 믿지 않고 구름을 보고 하루 일기를 스스로 예측하여 출어했으며, 심지어 달만 보고 장기예보를 하는 사람도 있었다.
그래서 굳이 제갈량이 아니더라도 장강에서 고기를 잡는 어부들이면 경험상 해마다 겨울철에 한두 번씩 부는 동남풍을 알았을 것이다. 하여튼 모든 것을 다 준비해 놓고 오로지 동남풍이 불기만을 기다리는 주유에게 제갈량이 말했다.

만사구비(萬事具備) 만사를 다 갖추었으나
지흠동풍(只欠東風) 단지 동풍만 빠졌구나

1942년 2차대전 때 히틀러는 겨울이 따뜻할 것이라고 예상했으나, 러시아는 매우 추운 겨울을 예상하고 대비하여 승리했다. 기상은 전쟁에만 그치는 것이 아니고 농업, 수산업, 경제 등 모든 인간 활동에 영향을 미친다.

금년 겨울 북극 한파가 예상된다고 하니 그 반사 이익은 만사구비(萬事具備)하여 동풍을 기다리는 자의 것이다.

김정은 방문의 저의

2018. 12. 10
출판교육문화뉴스 칼럼

외국인은 한반도에서 항상 전운(戰雲)이 감돈다고 말한다. 남북한이 첨예하게 대립하여 긴장을 고조시킨 지가 70년이 넘었고 그 사이에 엄청난 전쟁도 치렀다. 그러나 지금의 우리는 오래된 대치 상황에 익숙하여 위험조차 잊고 산다.

오히려 북한이 연평도를 포격해도 주식시장에서는 조금도 반영되지 않고 주가가 올랐다.

최근 한국은 전방 GP를 폭파하고 한강 하구의 철조망을 제거하고 서해상 NLL과 전방의 하늘도 경계를 풀면서 화해의 길로 가고 있다.

평화는 누구나의 궁극적인 바람이고 결국은 평화의 길로 가야 하지만 지금 행해지고 있는 일이 아무리 생각해도 북한의 감조유적(減竈誘敵) 계책에 당하는 것 같아 걱정이다.

감조유적(減竈誘敵)

아궁이 수를 줄여 적을 유인하는 계책. 춘추시대 손자병법의 손무(孫武)와 쌍벽을 이루는 전국시대 손빈(孫臏)이 위나라 방연(龐涓)의 군사를 유인하기 위해 이동하면서 날마다 임시 주둔지에서 밥 짓는 솥의 아궁이 숫자를 점점 줄여가며 행군했다. 군사들이 점점 탈영하여 전력이 약화되는 것처럼 속이니 마침내 방연이 방심하고 경기병으로 추격하다가 마릉산 협곡에서 손무의 기습을 받아 대패하고 자신은 스스로 죽음을 택했다.

세상이 참 많이 변했다. 열렬한 정부의 평화 의지가 반영되어 대법원이 양심적 병역 거부도 인정하는 시대가 되었다.

그동안 미군의 주둔과 더불어 자주국방을 외치며 대비했던 무기들도 이제는 무작정 퇴출해야 할 의미 없는 고물이고, 군에서 보낸 젊음은 허송세월이고, 부국강병의 노력도 공염불이다.

여태까지 국가 방위에 흘린 피땀이 이처럼 쓸모없었다는 지금의 평가에 우리 세대는 허탈하다.

230년 위군 40만이 진창성에서 가을장마를 만나 더 이상 진군하지 못하고 퇴각했다.

　대군의 이동은 진군하는 것보다 퇴각하는 쪽이 훨씬 더 어렵다. 사마의가 제갈량의 기습에 대비해야 한다는 의견을 말하자 조진은 가을비가 그치지 않아 잔도(殘徒)가 끊어졌으니 아마 촉군이 위군의 퇴각을 모를 것이라고 했다.

　그래도 사마의가 억지로 조진을 떠밀어서 촉군의 기습에 대비했다.

　조진의 일로군은 기산의 서쪽 야곡(斜谷) 입구에, 사마의의 일로군은 기산의 동쪽 기곡(箕谷) 입구에 각각 영채를 세우고 매복했다.

　사마의가 옷을 갈아입고 눈에 뜨이지 않게 군사들 속에 섞여 매복한 군사들의 영채를 두루 시찰할 때 한 편장(偏將)이 하늘을 우러러보며 매복이 힘들다고 불만을 토로했다.

　다시 중군장(中軍帳)으로 돌아온 사마의가 편장을 불러 꾸짖었다.

양군천일(養軍千日)　천일이나 오랫동안 군사를 먹여 기른 것은
용재일시(用在一時)　잠깐 한 때를 쓰기 위함이다

　이처럼 철저히 대비했던 사마의는 촉장 진식의 추격군 5,000명을 거의 전멸시켰으나 처음부터 안일하게 생각했던 조진은 촉군의 기습으로 대패했다. 조진은 방심하고 대비하지 않았던 자신 때문에 위군이 대패하자 그제야 잘못을 후회했지만 이미 서제막급(噬臍莫及)이었다. 자신의 과오를 자책하며 우울해하다가 마침내 병이 들어 전선에서 병사했다.

서제막급(噬臍莫及)

사향노루는 자신이 사로잡힌 이유를 사로잡히고 나서야 비로소 알았다. 인간이 노린 것이 단지 그가 가진 사향 때문임을 깨닫고 급히 사향이 든 배꼽을 물어뜯었으나 이미 때는 늦어 후회막급이다.

국방과 안보를 공고히 하면서 남북대화를 하면 김정은 위원장님에게는 약간 거슬릴지 몰라도 잘못될 가능성은 훨씬 줄어드는데 문대통령은 그렇게 하지 않고 있다.

북한을 탈출한 병사 오청성이 "남한의 군인은 군인이기는 한데 군인 같지 않다."고 했다. 상관이 병사 개인의 약봉지를 들고 따라다니며 먹이는 남한의 이런 전투력마저 이제 물리적으로 정신적으로 허물어지고 있다.

김정은의 저의는 드러나 있는데 우리는 위기에 대처할 생각을 하지 않는다.

북한 매체가 남한이 백령도 포격일을 기념한다고 비난하는 것을 보면 저들이 표명하는 한반도 평화에는 전혀 진정성이 없으며 김정은의 입에서 나온 말 또한 아주 교활한 것이다. 이대로 가면 남한의 운명은 서제막급(噬臍莫及)뿐이다.

그 옛날 전제군주의 명령도 일선의 상황에 맞지 않으면 목숨을 걸고 반대한 무인들이 많았다.

258년 강유가 기산에서 등애와 진법으로 겨루어 크게 이기자 불리

해진 등애는 급히 당균을 서촉으로 밀파했다. 당균은 당시 서촉 천자에게 가장 영향력이 있었던 환관 황호에게 뇌물을 써 천자 유선이 전선에서 승승장구하고 있는 강유를 소환하도록 했다.

소환 당하는 강유에게 요화가 말했다.

장재외(將在外) 장수가 밖에 있으면
군명유소불수(君命有所不受) 군주의 명을 받지 못하는 바가 있다

이것은 손자병법의 저자 손무의 고사에 나오는 말로 삼국지에도 숱하게 등장하는데 한국의 군대에는 아무리 방어력이 무너지고 잘못되어도 요화처럼 정정당당히 말하는 무인이 없다.

지금의 정권이 급격히 밀어붙이는 대북정책이 우리 세대에게는 너무 생소하고 생각 밖이라 그저 혼란스럽기만 하다. 물론 저 대북정책이 정말 지혜로운 자의 지혜에서 나왔다면 우리가 걱정할 필요는 없다.

사자성어삼국지에는 몽롱한 서촉의 천자 유선을 평한 모종강의 말이 있다.

지자지지(智者之智)
지혜로운 자의 지혜는

상출어지자지의외(常出於智者之意外)
항상 지혜로운 자의 생각 밖에서 나온다

우자지우(愚者之愚)
어리석은 자의 어리석음도

역출어지자지의외(亦出於智者之意外)
역시 지혜로운 자의 생각 밖에서 나온다

아무리 지혜로운 자라도 다른 지혜로운 자에게서 나올 지혜를 예측하지 못하며 또한 아무리 지혜로운 자라도 어리석은 자가 저지를 그 엉뚱한 어리석음을 도저히 예측하지 못한다고 했다.

지금 정권의 대북정책이 지혜로운 자의 지혜로움인지, 어리석은 자가 저지르는 엉뚱한 어리석음인지 시간은 반드시 그 결과를 말하고 평가할 것이다.

아무리 보아도 지혜로운 자의 지혜 같지는 않다.

남한은 계륵(鷄肋)이다

2018. 12. 17
출판교육문화뉴스 칼럼

계륵의 사전적 의미가 '먹으려니 먹을 것이 없고 버리려니 아깝다'인데 북한이 남한을 두고 계륵이라고 하면 계륵의 뜻을 제대로 몰라서 하는 말이라 여길 것이다.

그러나 절대 그럴 리 없다.

계륵의 출전은 삼국지이고 나는 삼국지를 12년에 걸쳐 완역하여 사자성어삼국지(四字成語三國志)를 완성했다. 어렸을 때부터 시작한 삼국지를 품고 평생을 살았고 수많은 독서 중에도 그 책에서 퍼내는 그릇은 항상 삼국지였다. 모종강의 삼국지 한문(漢文) 문장을 아무리 흩어놓아도 그 퍼즐을 맞출 수 있을 만큼 읽었다.

계륵의 내력은 다음과 같다.

건안 23년(218년) 조조군이 한중(漢中)으로 진군하여 유비와 벌인 싸움이 219년까지 계속되었다.

당시 조조가 한중을 지키려고 전투를 했으나, 와구관에서는 장합이 장비에게 패했고 정군산에서 하후연이 황충에게 죽었으며 여타의 전황도 여의치 않았다.

그러던 어느 날 조조는 주방장이 저녁 메뉴로 올린 닭탕을 받아놓고 있었다. 그때 마침 하후돈이 야간에 사용할 구호(口號: 군호를 말함)를 받으러 왔다. 닭갈비 즉 계륵(鷄肋)을 먹으려던 조조가 하후돈에게 군호를 '계륵(鷄肋)'이라고 무심결에 대답했다.

이순신 장군의 난중일기 임진년 5월 2일자에 구호 즉 군호는 '용호(龍虎)' 대답은 '산수(山水)'라고 한 예를 보아도, 하후돈은 그날 참 별난 군호를 들었지만 감히 조조에게 더 물을 수 없었다. 그저 밖으로 물러나 저녁 군호가 그냥 '계륵'이라고 외치고 다녔다.

양수가 그 군호를 듣고 아래 사람들에게 짐을 싸 철수를 준비하라고 했다. 하후돈은 양수의 군막에서 일어나는 일을 전해 듣고 놀라서 급히 양수를 불러 짐을 싸는 이유를 물었다. 그러자 양수가 계륵(鷄肋)을 풀이했다.

식지무미(食之無味) 먹으려니 맛이 없고
기지가석(棄之可惜) 버리려니 아깝다

전투의 진행이 여의치 않은 한중 땅을 계륵에 빗대어 설명하고 아마 내일 조조가 회군령을 내릴 것이라고 설명하니 하후돈도 수긍하여 덩달아 짐을 싸기 시작했다.

조조는 전황이 풀리지 않아 마음이 답답하고 잠이 오지 않았다. 밤에 바람도 쏘일 겸 순찰을 돌다가 영채에서 군사들이 짐을 챙기는 것을 보고 깜짝 놀랐다. 급히 하후돈을 불러 이유를 묻자 하후돈이 양수의 말로 계륵을 설명했다.

크게 노한 조조는 군심을 어지럽힌 죄를 물어 양수를 참수하고 효수(梟首)했다. 짐을 싸는 것을 보고 놀란 조조가 양수를 죽였다는 것은 즉 계륵을 말한 조조 당사자의 뜻이 먹으려니 맛이 없고(전하여 '먹으려니 먹을 것이 없고'로 바뀜) 버리려니 아깝다가 절대로 아니었다는 확실한 반증이다.

그리고 설마하니 당시 위왕의 신분이었던 조조에게 올린 아직 손도 안댄 그 '계륵(鷄肋)'이 먹으려니 먹을 것이 없는 그런 음식이었겠는가?

이처럼 계륵의 해석이 틀렸다고 사람까지 죽이고 양수가 말한 그런 뜻이 절대 아니라는데도, 우리는 지금까지 계륵을 말한 조조 본인의 의사는 아랑곳하지 않고 오로지 양수의 엉뚱한 해석만 지금까지 고수(固守)해 왔다.

이렇게 된 것에는 다 이유가 있다. 사마광이 지은 위나라 정통사관인 자치통감을 주자가 개작하여 촉나라를 정통사관으로 하는 통감강목을 지으니 주자학이 유행하면서 유학자들이 위나라 시조인 조조를 꺼리게 되었다.

지금 쓰이고 있는 계륵의 뜻도 조조를 아주 못된 간신으로 치부하고 무시한 그 왜곡된 시각의 결과다.

중국만 아니고 우리나라에서도 조조를 얼마나 기피했던지 창녕 조(曹)씨의 조상분들은 조조의 조(曹)씨와 무관함을 애써 강조하려고 조(曹)에서 한 획을 줄여 조(曺)로 했다고 한다.

결국 조조군이 철수를 하면서 조조가 말한 계륵의 뜻이 확실히 밝혀지는 사건이 일어난다. 퇴군하는 중 위연이 조조를 향해 쏜 화살촉에 조조가 인중을 맞아 말에서 떨어졌다.

그런데 삼국지에는 화살에 맞은 피부의 상처에 대한 언급은 전혀 없고 단지 조조의 앞니 두 대가 젖혀졌다고만 했다. 말에서 떨어지면서 앞니가 어디에 약간 부딪힌 것 같은 뉘앙스를 풍긴다.

당시 조조 나이 이미 64세, 위연의 화살에 인중(人中)을 맞았거나 맞지 않았거나 상관없이 이만한 나이의 더구나 옛 노인네 이빨은 살짝만 건드려도 흔히 탈이 났을 것이다.

그날 하후돈이 군호(軍號)를 받으러 갔을 때 조조는 한창 생각에

잠겨있었다. 이것은 조조가 계륵(鷄肋)을 앞에 놓고 부실한 이빨 때문에 '먹어볼까? 말아볼까?' 망설이며 고민하고 있었던 모습이 역력히 보인다.

이 모든 것을 유추하여 생각하면, 이것은 나이를 먹은 사람이나 이빨이 아파본 사람이라면 다 이해하는 즉 '먹으려니 무섭고 버리려니 아깝다.'라고 해석하는 것이 계륵을 말한 당사자 조조의 뜻이다.

당시 조조군은 서촉군과 양수가 계륵(鷄肋)이라고 비유한 한중(漢中)을 두고 피 터지게 싸웠다. 양수의 말대로라면 먹을 것도 없는 하찮은 땅을 두고 그처럼 싸웠다는 것인데 한중(漢中)이 어디 그런 땅이던가!

한중 장로의 신하 염포(閻圃)가 한 말이 있다.

"한중(漢中)은 백성의 호구(戶口)가 10여 만이고 재물은 부유하고 식량이 풍족하며 사면이 험한 지형이다."

이처럼 한중은 먹으려니 먹을 것이 없고 버리려니 아까운 땅이 절대로 아니니 양수의 해석은 애초부터 틀렸다.

모든 정황을 봐서도 양수의 죽음은 계륵을 자의적으로 해석하여 군령을 위반한 그가 자초한 일이다.

이제 이만하면 '먹으려니 먹을 것이 없고 버리려니 아깝다'는 기존의 의미에다 '먹으려니 무섭고 버리려니 아깝다'라는 조조 본래의 의사마저 추가하여 계륵의 의미를 더욱 풍부하게 하는 것 또한 마땅하지 않을까?

사마의가 양수처럼 자신의 작은 재주를 믿고 너무 앞질러 나가는 사람에게 경계의 말을 한 적이 있다.

자부촌지(自負寸智)   자기의 작은 지혜를 믿고
역천이행(逆天而行)   천명에 역행하면
자취패망(自取敗亡)   스스로 패망을 부른다

지금 김정은은 남한을 적화시키려는 생각이 꿀떡같겠지만 막상 실행하자니 물리적인 과정이 너무 무섭고 내버려두기에는 아까울 것이다. 남한은 그에게 바로 조조가 말한 그 계륵(鷄肋)이고, 만약 핵무기를 믿고 도발을 하면 사마의의 말대로 패망을 자초할 것이다.

국가부도의 날

2018. 12. 24
출판교육문화뉴스 칼럼

　국내 극장에서 개봉된 '국가부도의 날' 예고편을 인터넷으로나마 볼 수 있었다.
　지금 미국과 중국이 무역전쟁을 하고 있는데 세상살이는 예나 지금이나, 국가나 개인이나 나오는 첫마디가 돈이다.
　1997년 IMF 당시 한국은 실업자가 넘쳐나고 주식 가격이 폭락하고 상품은 팔리지 않는 공황상태였다.
　현실 상황이 얼마나 심각했으면 교통단속 경찰이 생계형 소형트럭 운전자에게는 웬만하면 스티커를 발부하지 않았다. 단지 조심해서 운전하라는 말끝에 수고한다는 격려까지 했다.

외화가 부족한 국가를 돕기 위해 국민이 자발적으로 금 모으기에 나섰다. 우리 국민은 대단하다. 수많은 사람들이 줄을 서서 그 행사에 참여하는 눈물겨운 장면이 TV에 나오면서 351만 명의 기록적인 동참을 이끌어냈다.

이때 모인 금 226톤을 수출한 액수가 22억 달러였다고 한다. 물론 IMF 위기를 벗어나기에는 턱없이 모자라는 돈이었으나 국민의 그 정성만큼은 지금 되돌아보아도 정말 대단하다.

IMF에 손을 내민 국가 중에 이런 애국적인 국민은 없었다. 국가 위기가 닥쳤는데도 그리스나 아르헨티나의 공무원은 되레 월급을 올려주지 않는다고 시위를 하고, 인원 감축을 한다고 거리로 쏟아져 나오는 것을 보면 알 수 있는 일이다.

당시 한국의 금 모으기는 세계적인 뉴스거리였는데 한 중국 언론매체의 평을 나는 아직도 기억한다. 바로 삼국지에 나오는 이 말을 했다.

"한 잔의 물로 어찌 수레에 가득 실린 장작에 난 불을 끄겠느냐?"

경제 대란에 그까짓 것이 무슨 큰 도움이 되겠느냐는 중국인의 비아냥거림인데 저들은 삼국지를 겉만 훑었고 맹자(孟子)를 제대로 읽지 않았다.

서촉 유비가 유봉을 부장군(副將軍)으로 삼아 맹달과 같이 상용을 지키러 보냈다. 당시 관우는 형주에서 조조군과 동오군의 공격을 받고 있었다.

　얼마 후 관우가 형주에서 패했다는 소식을 들은 유봉과 맹달이 사태를 한창 의논하고 있는데 문득 관우가 보낸 요화가 찾아왔다.

　관우가 맥성에서 동오군에게 포위되어 위급하니 급히 원군을 요청한다는 것이었다. 멀리 서천에서 원군이 오려면 시간이 걸리니 가까운 상용의 구원이 절실히 필요했던 것이다.

　그런데 뜻밖에도 유봉이 결정을 미루고 맹달에게 의견을 묻는 소극적인 모습을 보였다. 맹달은 조조군과 동오군의 연합 공격을 받고 있는 관우를 구하는 일에 상용이라는 조그마한 산성의 병력이 무슨 보탬이 되겠냐고 조언했다.

　유비와 관우, 장비는 도원결의(桃園結義)의 형제이니 관우는 유비의 양자인 유봉에게 숙부다. 그런데 맹달은 유봉을 후계자 위치에서 배제한 것이 관우라는 것을 강조하며 상용 변방으로 밀려난 것도 관우 때문이라고 이간질했다.

　설득당한 유봉은 마침내 상용의 민심이 안정되지 않았다는 핑계를 대며 병력을 동원할 수 없다고 요화에게 말하는데 곁에 있던 맹달이 맹자(孟子)에 있는 말을 인용하여 이런 말을 했다.

일배지수(一杯之水)
한 잔의 물로

안능구일거신지화(安能救一車薪之火)
어찌 수레에 가득 실린 장작에 난 불을 끄겠는가?

결국 상용의 구원을 받지 못한 관우는 500~600명의 군사로 버틸 수 없다고 판단하여 맥성을 탈출하지만 동오의 장수 마충에게 사로잡혀 죽는다.
관우가 죽은 후 유비가 유봉을 불러 꾸짖었다.

여수(汝須) 너도 응당
식인식(食人食) 사람이 먹는 음식을 먹고
천인의(穿人衣) 사람이 입는 옷을 입었으니
비토목우인(非土木偶人) 허수아비가 아니다

마침내 유비는 숙부를 도우지 않은 유봉을 처형했다.
위국으로 달아난 맹달도 위국에서 적응하지 못하여 반기를 들었으나 실패하여 죽었다.

작은 힘이나마 보태려는 우리 국민의 금 모으기처럼 유봉도 원군을 보내야만 했다. 모종강도 그렇게 하는 것이 인륜이라고 지적했다. 그리스와 아르헨티나 국민이 시위하는 것은 옷을 입고 밥은 먹으나 사람이 하는 짓이 아닌 점에서 유봉과 별반(別般) 다른 게 없다.

경제 위기는 다시 오지 않아야 한다. 장래의 경제 발전을 위해 꼭 청산해야 할 적폐가 무엇인지 국민은 다 알고 있고 임종석 실장마저도 노조문제를 말했다. 다만 실행하지 않을 뿐이다.

삼국지에서는 의외의 인물이 적폐 청산을 미루고 있는 황제를 보고 말했다.

양탕지비(揚湯止沸)

끓는 물을 퍼냈다가 다시 부어 끓는 것을 막는 것보다

불여거신(不如去薪)

아궁이의 장작을 꺼내는 것이 좋다.

궤옹수통(潰癰雖痛)

종기(腫氣)의 고름을 짜내면 비록 아플지라도

승어양독(勝於養毒)

상처를 키우는 것보다 났다

끓는 물을 조금 떠내서 입으로 불어 잠시 식혔다가 다시 솥에 부어 끓는 물을 식히는 것보다 아궁이의 장작을 꺼내는 것이 적폐 청산이고, 고름이 가득 든 상처 위에 약을 바르는 것보다 고름을 짜내는 것이 바로 적폐 청산이라는 뜻이다.

이것은 궁중의 십상시(十常侍)가 저지르는 큰 적폐를 그대로 두고는 궁중 밖의 사소한 문제를 아무리 해결해도 근본대책이 아님을 지적한 서량자사 동탁의 말이다.

지금까지 정부의 경제정책이 다 게 등에 소금 뿌리기다. 국가 경제의 장래를 위해 진정한 바로 그 적폐를 청산한다면 국민은 쌍수를 들어 환영할 것이다.

해명과 변명의 진실

2018. 12. 27
출판교육문화뉴스 칼럼

　세상의 모든 것은 변한다. 언어도 변하고 그것을 듣는 사람의 생각도 달라진다.
　'오영식 코레일 사장이 강릉선 사고는 날씨가 추워서 그런 것 같다고 해명했다.'
　코레일 사고 후 신문에 난 기사인데 다음과 같이 말을 바꾸어 본다.
　'오영식 코레일 사장이 강릉선 사고는 날씨가 추워서 그런 것 같다고 변명했다.'
　변명이라는 말에 사람들은 억지스럽고 구차한 느낌을 받아 당장

불쾌해질 것이다.

　공항 갑질로 물의를 일으킨 김정호의원이 기자 회견 중에 이런 말을 했다.
　"직접한 얘기는 아닌데 그것도 부적절했고 해명한다는 것이 오히려 변명으로 되고······."
　여기서도 해명과 변명의 위치를 바꾸어 본다.
　"직접한 얘기는 아닌데 그것도 부적절했고 변명한다는 것이 오히려 해명으로 되고······."
　오영식 사장의 신문 기사 내용이나 김정호의원의 잘잘못을 따지자는 것이 아니고 다만 해명과 변명의 뜻이 제대로 쓰였는지 알아보려는 것이다. 동아 새국어사전에 등재된 풀이는 다음과 같다.

　변명(辨明)　사리를 가려내어 똑똑히 밝힘.
　해명(解明)　까닭이나 내용 따위를 풀어서 밝힘.

　분명 사전의 뜻에는 변명이 해명보다 사리를 밝힘에 더 성실한 자세가 보인다.
　변명(辨明)은 사리를 가려내어 똑똑히 밝혀 순리적으로 정당성을 강조하는 것으로 해명(解明)의 의미보다 오히려 더 논리적일 것이란 인상을 준다.
　이런데도 변명(辨明)한다고 하면 무조건 자기의 입장만을 유리하게 억지로 변호하는 것으로 잘못 이해하고 있다. 이것은 변호사(辯護士)의 변론(辯論) 때문에 변명의 뜻이 오해를 받고 있는 것인지도 모르겠다.

또 해명(解明)한다고 하면 제법 정당한 논리로 자기의 입장을 객관적으로 밝히는 것으로 잘못 인식하고 있다.

사전의 정확한 뜻을 살리면 코레일 사장이나 김정호의원은 해명하지 말고 변명을 해야 더 성실한 자세를 국민에게 보이는 것이다.

짐작(斟酌)과 모색(摸索)도 같은 경우다.

짐작(斟酌)　까닭이나 형편 따위를 어림잡아 헤아림.
　　　　　　 겉가량으로 생각함.

모색(摸索)　더듬어 찾음.

짐작 앞에 어림이라는 말까지 붙여서 정확도가 형편없이 떨어지는 판단을 두고 말하지만 사실은 다르다. 짐작(斟酌: 술 따를 짐, 따를 작)은 술을 따를 때 술잔을 겉가량으로 세심하게 헤아려 적당량만 술잔 안에 주의를 기울여가며 정확하게 붓는 아주 정밀하고도 조심스런 판단을 말한다. 실제로 고전에서는 비중 있는 나랏일을 처리할 때 짐작이 서술어로 쓰이고 있는 것을 보아도 알 수 있는 일이다.

모색(摸索: 더듬을 모, 찾을 색)은 손으로 더듬어 찾는 것으로 즉 장님이 코끼리를 만지고 나름대로 각자 판단하는 형편없는 짓이다.

그러나 일상에서 쓰임은 전혀 다르다. '짐작(斟酌)한다'고 하면 대충 얼렁뚱땅 판단한다는 것이고, '모색(摸索)해보자'고 하면 제법 그럴 듯한 논리적인 결과를 도출할 것처럼 기대하고 있다.

짐작(斟酌)과 모색(摸索), 변명(辨明)과 해명(解明)이 현실에서 사전의 뜻과 다르게 쓰이고 있지만 지금에 와서 사전의 뜻으로 돌이키기에는 너무 늦은 감마저 있다.

언어와 문장은 당대의 산물이다.

중국을 통일한 진(秦)나라는 오행 중에서 수(水)의 덕으로 성했고 다음에 일어난 한(漢)나라는 화(火)의 덕으로 성했다고 그들은 믿었다. 당시의 사람들은 오행의 상징성을 심각하게 받아들였다.

그 결과 한나라 사람들은 멀쩡한 지명의 글자까지 바꾸어 자신들의 화덕(火德)에 부합되도록 했다. 후한의 도읍지 낙양(洛陽)에서 삼수(氵)변이 자기들의 화덕을 상하게 한다고 여겨 낙양(雒陽)으로 바꾸었고, 벼슬에 쓰이는 도(渡)자가 불길하다고 삼수변을 빼고 도(度)로 한 것 등이 한나라 시대의 일이다.

이런 문장의 특성과 황제의 이름을 휘(諱)하는 글자 등을 살펴 언제 지어진 글인지 그 시대를 판단하기도 한다. 물론 삼국지는 후대에 쓰인 소설이기 때문에 한나라 당시 사람들의 상징성을 고려하지 않았으나 소설이 쓰인 시대를 반영하여 명말(明末)과 원초(元初)의 언어가 작동하고 있다.

지금 쓰고 있는 해명과 변명, 짐작과 모색의 뜻이 우리 당대의 언어이니 사전에 등재된 정의를 고치던지, 아니면 사전의 의미로 되돌아가야 한다.

변화에 따르라는 말이 삼국지에 자주 등장한다.
제갈량은 하늘의 별도 그 운행이 변한다고 했다.

천도변역불상(天道變易不常) 천문은 변하고 바뀌어 항상 정해져 있는 것이 아니다.

조조가 도읍을 허도로 옮기려 할 즈음 태사령 왕립(王立)이 헌제(獻帝)에게 말했다.

천명 유거취(天命 有去就) 천명은 오고 가는 것이며

오행 불상성(五行 不常盛) 오행은 한 가지 기운만 항상 왕성한 것이 아니다

천명도 오가며 언어도 변하고 오행의 기운도 한 가지에만 머무는 것이 아니다.

또 권력의 변화는 더욱 확실하게 실감이 난다는 것을 한국 정치사에서 보아왔다. 단군이래 최강의 권력이었던 전두환 전대통령도 권력을 넘기자마자 참담함을 겪고 있다. 삼국지에서 진림이 하진에게 이미 이런 사태를 경고했다.

도지간과(倒持干戈) 　창날은 내가 잡고
수인이병(授人以柄) 　자루를 다른 사람에게 넘기면
공필불성(功必不成) 　공은 고사하고
반생난의(反生亂矣) 　되레 혼란만 생긴다

얼마 지나지 않아 아쉽지만 5년 단임제 대통령 권력의 칼자루는 다른 사람에게 넘어간다. 권력 구도의 변화는 제도적으로 이미 예고되어 있다. 끈 떨어진 연이 되고 난 그때는 변명도 해명도 들어줄 사람이 없다는 것을 혹시 알고나 계시는지?

기해년 사자성어

2019. 1. 2
출판교육문화뉴스 칼럼

무술년 한해가 지나고 희망찬 새해를 맞이했다. 지난해 한국 외교는 세계적인 관심거리였고 국내는 그 변화를 모두 수용하지 못해 많은 갈등을 겪었다. 기해년에는 우리 사회의 모든 구성원이 갈등과 대립을 극복하고 번영과 화합 그리고 발전된 미래로 나아갈 것이다.

차분한 마음으로 한 해를 시작할 사자성어가 삼국지에 있다.

담박명지(淡泊明志) 담담해야 뜻이 밝아지고
영정치원(寧靜致遠) 평온해야 멀리까지 이른다

유비가 관우, 장비를 데리고 와룡강의 제갈량을 찾아가는 삼고초려(三顧草廬) 그 두 번째 방문 길이다. 제갈량이 은거하는 초려의 사립문을 지나고 다시 중문을 지날 때 유비가 주련(柱聯)에서 보았던 글이다.

제갈량의 삶의 자세를 보여주는 많은 의미가 내포되어 있다. 제갈량은 평생 이 말을 가슴에 간직하고 오로지 나라를 위해 자신을 경계하며 살았다. 그래서 나라를 생각하는 제갈량의 충성에는 사사로움이 없었다.

황제 유선에게 보낸 글에서 그가 얼마나 담담하게 살았는지 알 수 있다.

신의 집에는 뽕나무 800그루와 척박한 전답 50경(頃)이 있으니 자손의 의식주(衣食住)에는 당연히 여유가 있습니다. 신은 외직에 근무하여 신변용품 모두를 다 관에서 공급받은 것으로 의지했으며 달리 생산하지 않았습니다. 신은 죽는 날까지도 안으로는 남은 비단과 밖으로는 남은 재물이 없게 하여 폐하를 저버리지 않게 하겠습니다.

담박명지(淡泊明志)한 나라는 이념적 대립도 없고, 영정치원(寧靜致遠)한 사회는 사사로움으로 인한 갈등도 없을 것이다.

담박명지(淡泊明志) 영정치원(寧靜致遠)은 우리 모두를 희망의 나라로 안내할 것이다.

세상은 뜻이
큰 사람의 것이다

2019. 1. 7
출판교육문화뉴스 칼럼

　후한(後漢)말 십상시(十常侍)가 국정을 농단하여 민심이 이반하니 이에 편승한 황건적이 반란을 일으켰다. 장대한 삼국지는 당시 천하의 대란에 비로소 두각을 나타내는 유비, 관우, 장비 삼형제의 큰 뜻에서부터 시작된다.
　도원에서 형제결의를 하던 날, 세 사람은 제물을 차려놓고 향을 피운 뒤 두 번 절하고 맹세했다.

동심협력(同心協力)   한 마음으로 힘을 합쳐
구곤부위(救困扶危)   곤란한 사람을 구하고 위급한 사람을 도우며
상보국가(上報國家)   위로는 국가에 보답하고
하안여서(下安黎庶)   아래로는 백성들이 편안하도록 하겠습니다

유비가 처음 기병한 곳은 탁현 누상촌이다. 탁현은 지금의 북경 부근이지만 당시에는 장안에서 멀리 떨어진 변방이고 오지이다.

시골 청년들의 목표로서는 너무도 웅대한 나라와 백성이란 말을 하면서 시작부터 목표를 크게 세웠다.

유비를 처음 알아본 사람은 중산지방의 대상(大商)인 장세평(張世平)과 소쌍(蘇雙)이다. 이들은 북방 선비족의 땅으로 가서 말을 사 남쪽에 내다 파는 상인들인데 유비를 한 번 보고도 그의 큰 뜻에 감동하여 흔쾌히 군자금을 희사했다.

원래 장비가 부동산과 현금을 좀 가진 사람으로 도원결의(桃園結義)한 복숭아밭 즉 도원(桃園)도 장비의 소유였으나 300명이 넘는 의병의 군자금을 충당할 정도는 아니었다.

때마침 중산 상인들이 희사한 말과 군자금은 유비가 의병을 일으키는데 큰 힘이 되었다.

만약 유비에게 처음부터 그런 큰 뜻이 없었다면 중산 상인의 도움도 받지 못했을 것이고 또 전투에서 지고 오랫동안 떠돌이 생활을 할 때 지향하는 목표가 없었다면 그들은 틀림없이 타락했을 것이다.

그랬으면 당시의 군벌들처럼 세력을 잃었을 때 산으로 들어가서 살인과 약탈을 일삼는 산적이 되었거나 그럴 형편도 못되면 고향 탁현으로 돌아가 뒷골목 조폭이 되었을 것이다.

또 한 사람이 있다. 바로 삼국지의 중심인물 조조다. 삼국지에서 어느 누구 한 사람이 빠져도 삼국지를 그럭저럭 엮어갈 수 있으나 조조를 빼고서는 지금처럼 흥미 있는 소설이 될 수 없다.

그는 웅대한 야망을 가지고 정치 인생을 시작했다.

치세능신(治世能臣) 태평성세에는 유능한 신하이고
난세간웅(亂世奸雄) 난세에는 간웅이다

이것은 여남(汝南) 허소(許邵)가 조조를 평한 말이다. 허소는 바로 월단평(月旦評)이란 고사성어의 장본인이다.

월단평(月旦評)
허소는 월단(月旦 : 매월 초)에 품제(品題)를 정하여 향당(鄕黨)의 인물을 품평했는데 그의 평을 받은 사람은 금방 유명해졌다. 그래서 월단평(月旦評)이라는 고사성어(故事成語)가 생겼다.

− 삼국지 사전 −

허소는 조조를 치세와 난세를 아우르는 큰 재목으로 본 것이다.

조조는 나이 20세에 효렴(孝廉)에 천거되어 낭(郎)이 되었다. 이후 낙양 북부위 벼슬을 받아 부임한 날, 오색으로 칠한 몽둥이 10여 개를 만들어 현의 네 문에 세워놓고 호령했다.

"범법자는 이 몽둥이로 징벌하겠다."

이후 범법자가 있으면 자신이 예고한대로 사정없이 몽둥이로 내리쳤다. 그러던 어느 날 세도가 건석(蹇碩)의 숙부가 칼을 들고 밤길을 걷다가 순찰 중이던 조조에게 걸렸다.

불법무기소지와 야간통행금지 위반이었다. 당시 그 유명한 십상시(十常侍)의 한 사람으로 황제의 절대적인 총애를 받고 있는 건석의 숙부라는 배경을 믿고 일개 북부위 조조의 포고령 따위는 안중에도 없었다.

그러나 그는 조조를 잘못 만났다. 조조는 건석의 숙부를 불러 만인이 보는 앞에서 공개적으로 몽둥이로 마구 두들겨 팼다. 워낙 백일하에 처리한 사건이라 그 막강한 권력자 건석도 스포트라이트 즉 여론의 집중 조명을 받고 있는 조조를 어떻게 할 수가 없었다.

조조는 이로부터 천하에 명성을 떨치고 장차 명분을 가지고 세상에 나갈 수 있는 발판을 마련했다.

시간이 지날수록 조조의 배포는 세상에 알려진다. 자신을 그토록 괴롭히고 큰 아들과 조카마저 죽인 장제의 조카인 장수(張繡)를 용서하고 관우에게 항복했다가 살아서 귀환한 우금마저 포용하는 큰 정치를 했다. 자연스럽게 중원의 인물들이 그에게로 모여드니 그들의 조력으로 마침내 천하의 패자가 되었다.

　유비와 조조에게 큰 뜻이 없었다면 지금의 장대한 삼국지 스토리는 존재할 수 없다.
　처음 세우는 계획이 얼마나 중요한지 선대로부터 들은 이야기를 하나를 소개한다.
　자린고비가 있었다.
　자린고비 며느리가 있었다.
　어느 날 자린고비 집에 생선장수가 생선을 팔러왔다.
　자린고비 며느리는 애초부터 생선을 살 생각은 없었으면서도 계속 손으로 생선을 주물렀다. 생선이나 한 마리 팔아볼까하고 애를 태우던 생선장수는 오히려 생채기만 난 생선을 챙겨 하릴없이 떠났다.
　생선장수가 대문 문지방을 넘자마자 자린고비 며느리는 그릇에 물을 떠서 손을 씻었다. 그날 저녁에 그 물에다 소금을 풀어서 생선국물을 끓였다.
　기특한 며느리는 시아버지 자린고비 저녁밥상에 생선국물을 올리며 칭찬을 듣고 싶어 했다.
　"아버님 제가 참 잘했지요! 오늘 저녁에는 돈을 한 푼도 들이지 않고 생선 국물을 끓였습니다."
　당연히 칭찬을 해야 할 자린고비의 입에서 나온 말은 뜻밖이었다.
　"에끼순! 이렇게 해서 살림을 어찌 살겠느냐? 그 손을 장독에 씻었으면 일 년 내내 생선 맛을 볼 수 있을텐데. 에이 쯧쯧!"

하루 저녁만 내다보는 자린고비 며느리와 일 년을 내다보는 자린고비와는 애초부터 부를 축적할 기초가 달랐다. 10년이 지나고 20년이 지나면 두 사람이 축적한 부는 처음의 계획에 따라 당연히 차이가 날 수밖에 없을 것이다.

고 박태준 포철회장이 처음 신일본 제철의 기술자문을 받아 포철의 기초를 잡을 때 신일본 제철에서 권하는 것보다 몇 배나 크게 공장 부지를 잡았다고 한다. 당시 갖추어놓은 접안시설에다 도로, 무연탄 하치장 등 인프라가 현재의 포철로 만들었다고 한다.

처음 그렇게 계획을 세우지 않았으면 지금의 포철로 성장할 수 없었을 것이라고 하니 이 또한 시작이 커야 함을 말한 것이다.

시작에 이미 그 미래가 있었다. 조조는 큰 정치를 시작하여 작은 보복을 자제했고, 유비는 처음부터 뜻이 큰 사람이라 작은 일에 연연하지 않더니 난세에도 살아남았다.

소통과 불통

2019. 1. 14
출판교육문화뉴스 칼럼

　최근 와서 또 소통을 언급한다.
　유비가 관우의 원수를 갚으러 이릉으로 진군하여 동오군과 대치했다. 전투가 장기전에 들어가고 계절이 바뀌자 유비의 촉군은 여름 무더위를 피하기 위해 시냇가 시원한 삼림으로 주둔지를 옮겼다. 마량이 유비에게 아군의 영채 도본을 그려서 제갈량에게 보내 주둔지로서의 타당성을 감정받자고 했다.
　유비는 평생을 전장에서 보낸 사람이다. 병법이라면 그런대로 다 안다고 여겨 동오의 대장 육손마저 나이가 어리다고 무시하고 있었다.

그가 이미 옳다고 확신하여 결정한 일에 굳이 먼 곳에 있는 제갈량의 자문을 받아보자는 마량의 권고가 그다지 달갑지 않았다.

유비의 내심을 간파한 마량이 충고했다.

겸청즉명(兼聽則明) 양편 말을 들어야 시비를 잘 구별할 수 있고
편청즉폐(偏聽則蔽) 한쪽 말만 들으면 사리에 어둡게 된다

이것은 바로 우리가 흔히 말하는 '시비를 가리려면 양편 말을 들어야 한다.'는 사자성어다. 양편 말을 듣고 객관성을 확보하는 일이 소통이다.

마지못한 유비가 마량에게 알아서 각 영채의 사지팔도도본(四址八道圖本)을 그려 제갈량의 자문을 구해보라고 했다. 마량이 급히 길을 떠나 동천에서 요충지를 살피던 제갈량을 만났다. 그러나 마량이 제갈량으로부터 주둔지를 옮겨야 한다는 경고를 들었을 때는 이미 유비가 대패하고 난 뒤였다.

소통(疏通)의 시기를 놓친 유비가 치른 불통(不通)의 대가는 혹독했다.

70만 촉군이 700리에 걸쳐 주둔했던 40여 영채는 육손의 화공(火攻)에 당해 모두 불타고 소수의 패잔병만이 백제성으로 퇴각했다. 그리하여 촉나라는 영원히 중원을 정벌할 동력을 상실했다.

정부의 인적쇄신은 또 하나의 통치수단이자 민심과의 소통이다.

며칠 전, 박지원의원은 찔끔찔끔 인적쇄신은 의미가 없다고 충고했다. 흐린 물을 남기고 물갈이를 하면 새 물도 같이 흐려진다는 뜻이다.

인재는 많다. 그 옛날 삼국시대에도 인재가 많았는데 하물며 지금 대한국 인재의 풀이야!

위나라 양수가 촉에서 사신으로 온 장송에게 조조가 지은 병법서 맹덕신서(孟德新書)를 보여주며 자랑했다. 장송은 한번 쭉 훑어보는 것만으로 책 한 권을 다 외웠다. 이에 놀란 양수가 장송을 과목불망(過目不忘)의 능력자라고 인정했다.

과목불망(過目不忘) 한번 보면 잊지 않다.
– 공융이 조조에게 천거했던 예형(禰衡)과 유종에게 항복을 권한 왕찬(王粲)을 합하여 삼국시대 과목불망(過目不忘)의 능력자는 세 사람이다. –

양수가 촉나라에 당신과 같은 인재가 얼마나 있느냐고 묻자 장송이 대답했다.

거재두량(車載斗量)
수레에 실어 수레로 헤아리고 말(斗)로 되어 말(斗)로 헤아려도

불가승기(不可勝記)   얼마나 되는지 다 헤아릴 수 없다

그냥 머릿수를 세기에는 너무 많아서 수레에 실어 수레의 수로 세고, 말로 되어 말의 수로 세어야 한다는 장송의 말인데, 지금 한국의 인재는 기차에 실어 기차 고삐로 세고 여객선에 실어 여객선 척으로 헤아려야 할 것이다.

자고로 벼슬하고 싶은 사람은 또 얼마나 많은가!

당나라 측천무후가 대신들을 너무 많이 처벌하자 어떤 사람이 이제 벼슬을 하겠다는 사람이 없으면 어떻게 하겠느냐고 걱정했다. 그러자 측천무후는 감투는 불이고 지원자는 불나방이라고 인간의 심리를 통찰했다.

조선시대 이정보(1693~1766)의 고시조도 바로 이것이다.

묻노라 불나비야 네 뜻을 내 몰라라
한 나비 죽은 뒤에 또 한 나비 따라오네
아무리 푸새엣(풀 속의) 짐승인들 너 죽을 줄 모르는다

앞 불나방이 죽어도 다른 불나방이 불을 향해 영원히 달려들 듯 벼슬할 인적자원은 얼마든지 대기하고 있으니 물갈이할 때 흐린 물을 아낄 이유가 없다.

삼국시대 위국 정원(正元) 3년 서기 256년 제갈탄이 수춘성에서 사마소에게 반기를 들었다가 실패하여 자신은 죽고 군사들은 항복했다.

항복한 군사들 중에는 제갈탄을 지원한 동오의 군사 1만 명도 있었다.

고대에는 항복한 적군이 사실 처치곤란이었다. 먹이고 입히고 반란을 감시해야 하는 등의 문제가 있었다.

전국시대 최대의 전투인 진(秦)나라와 조(趙)나라의 장평지전(長平之戰)에서 진나라 백기(白起)는 항복한 조나라 조괄(趙括)의 군사 40만 명을 땅에 파묻어 죽였다. 진(秦)나라 말 이번에는 항복한 진나라 장함(章邯)의 군사 20만 명을 항우가 땅에 파묻어 죽였다. 장함의 군사들이 울면서 자신들이 묻힐 구덩이를 팠다고 사마천이 사기에서 기록하고 있다.

삼국지 정사(正史)에는 조조도 관도대전에서 원소에게 승리한 한 후 항복한 원소군을 파묻어 죽였다고 했다.

배수(裵秀)가 이런 맥락에서 사마소에게 항복한 동오군을 그냥 돌려보내면 나중에 적의 세력을 키우는 일이니 차라리 파묻어 죽이자고 했다.

그러나 곁에 있던 종회(鍾會)는 배수와 의견을 달리했다. 원흉만 죽이고 저들을 돌려보내서 중원의 관대함을 보여주어 천하의 인심을 얻는 것이 좋다고 조언했다.

사마소는 삼국시대를 풍미한 another 조조다. 과연 그는 종회의 의견을 채택하여 고향으로 돌아가기를 원하는 동오의 군사를 다 방면(放免)하고 원하지 않는 자는 삼하(三河)의 땅에 나누어 거주하도록 했다.

이를 두고 모종강이 평했다.

성대사자(成大事者)　(자고로) 큰일을 이룬 사람은
능용선언(能用善言)　(반드시) 다른 사람의 좋은 말을 잘 들었다

촉나라 정통성을 신봉했던 모종강조차도 위나라 사마소의 소통을 두고 칭찬을 아끼지 않았다. 사마씨가 사마염 대에 삼국시대를 끝내고 천하를 통일하여 진(晉)나라를 세운 것도 결코 우연이 아닌 바로 소통의 결과다.

소통을 하면 인심이 돌아온다.

청와대 십상시(十常侍)

2019. 1. 21
출판교육문화뉴스 칼럼

십상시(十常侍)는 아첨으로 황제의 신임을 얻어 사실상 황제를 제어했다.

후한 말 영제 때 온 나라에 도적이 들끓고 반란이 일어나 천하가 혼란해졌다. 이 와중에도 황제를 모시는 중상시(中常侍) 즉 환관(내시)들은 태평성대라고 황제를 안심시키고 신임을 얻어 오로지 사리사욕에만 열중했다.

환관들 중에서 장양(張讓) 조충(趙忠) 봉서(封諝) 단규(段珪) 조절(曹節) 후람(侯覽) 건석(蹇碩) 정광(程曠) 하휘(夏暉) 곽승(郭勝) 등

10여 명이 무리를 지어 간사한 말로 황제에게 아첨을 하니 사람들은 이들을 십상시(十常侍)라고 불렀다. 황제는 장양을 아부(阿父)라 부르며 믿고 존중했다.

　십상시는 처음부터 꼭 10명을 채워서 십상시라고 한 것이 아니었으며, 십상시의 의미는 아첨하는 환관의 대명사 정도다. 그래서 꼭 10명이라는 숫자에 연연하지 않고 황제에게 아첨하여 권력을 얻은 환관이면 몇 명이든 십상시라 부를 수 있다.
　이들은 궁중의 일이라면 꿰뚫고 있는 사람들이라 위기가 와도 비상한 수단으로 살아남아 다시 황제의 총애를 받는 재주가 있었다.
　십상시는 영제의 죽음에 임하여 태자를 제치고 왕자 협을 후사로 세우려고 시도했다. 그들에게는 이런 종류의 공작이 일상사고 또 아주 능하기도 했으나 태자의 뒤에는 하태후가 있었고 게다가 하태후의 오빠인 하진이 군권을 장악하고 있었다. 하진이 불시에 대신들을 데리고 궁에 들어와 힘으로 태자를 황제로 세워 십상시의 계획을 좌절시켰다.
　이때 평소 십상시에게 불만이 많았던 대신들이 건석을 제거했으나 그 잔당 장양 등은 하태후에게 줄을 대어 다시 연명하는데 성공한다.
　원소가 하진에게 참초제근(斬草除根)을 주장했다.

참초제근(斬草除根)　풀을 베고 뿌리까지 제거하다.

　그러나 하진은 하태후의 비호를 받고 있는 십상시 잔당을 차마 제거할 수 없어서 대신들에게 계책을 물었다.

두 사람이 방법을 제시했다.

한 사람은 원소다. 그는 지방 군벌들을 불러 낙양을 에워싸고 하태후를 핍박하면 하태후도 어쩔 수 없어서 십상시 제거를 허락할 것이라고 했다.

또 한 사람 조조는 그렇게 번거롭게 할 것 없이 단지 옥리(獄吏: 감옥을 관리하는 관리) 1명에게만 시키면 된다고 했다. 옥리가 그냥 포승줄 하나로 십상시를 체포하여 감옥에 넣으면 된다는 것이다.

여기서 삼국시대 최대의 군벌로 일찍 성장하는 원소와 조조 두 사람의 성향이 잘 나타나 있다.

몸에 기생하는 이를 잡아 죽이려는데 원소는 바위를 던지고, 조조는 손톱으로 눌러 죽이는 식이다.

우매한 하진이 조조의 반대를 무릅쓰고 원소의 계책대로 지방군벌들을 낙양으로 불렀다. 그래서 군벌들이 속속 낙양으로 진군을 시작했다. 군벌 중에는 20만 대군을 보유하여 안 그래도 힘이 남아돌아 항상 무슨 이벤트를 만들려던 서량자사 동탁 같은 불량한 사람도 있었다.

사태가 여기까지 이르자 위기를 느낀 십상시도 가만있지 않았다. 이들은 하태후의 명을 빌어서 하진을 궁으로 유인한 뒤 살해해버렸다. 이미 군벌들은 모여들었는데 갑자기 중앙권력자 대장군 하진이 사라지니 낙양은 무인지경이었다. 이로부터 천하대란이 시작되고 후한 왕조는 내리막길을 걷는다.

원래 전한은 외척이 득세했으나 후한은 환관이 득세하여 국정을 농단했다. 외척은 나름대로 인재를 등용했으나 환관의 국정 농단은 매우 질이 나빴다. 황제의 눈과 귀를 가려 조정대신들을 무력화시킨 뒤, 세상물정 모르는 황제를 자기들 마음대로 조종했던 것이다.

이를 보다 못한 장균이 조회에서 영제에게 십상시의 폐단을 상주했다.

매관매직(賣官賣職) 돈이나 재물을 받고 벼슬을 시키고
비친불용(非親不用) 친하지 않으면 등용하지 않으며
비수불주(非讐不誅) 원수가 아니면 죄를 지어도 죽이지 않아
천하대란(天下大亂) 천하에 대란이 일어났습니다

장균이 황제를 업신여긴다고 십상시들이 말하자 장균은 즉시 밖으로 쫓겨났다.

하루는 영제가 후원에서 십상시와 더불어 잔치를 열어 술을 마시고 있는데, 간의대부(諫議大夫) 유도(劉陶)가 와서 대성통곡하며 말했다.
"천하가 위기에 처했는데 폐하께서는 아직도 환관들과 술을 마시고 계십니까?"
영제의 대답은 완전 화성인의 말이었다.
"나라가 태평한데 위기라니?"

그에게는 십상시의 아첨만이 진실이었다.

지금인들 이런 일이 전혀 없다고 장담할 수 없다.

화력발전소 가동으로 인한 미세먼지와 또 경제적인 이유 등으로 더불어민주당 송영길의원이 신한올 원전 문제를 제기했다. 그 말이 끝나자마자 청와대가 잽싸게 '더 논의가 필요한 시점이 아니다'라며 선을 그어버렸다.

국민과 여당 중진의원이 우려하든 말든 더 알고 싶지도 않고 하기도 싫다.

그래서 대통령의 입에서 '물 들어올 때 노 저어라'고 국민 정서와는 영 공감 능력이 떨어지는 말이 나왔다고 밖에 볼 수 없다.

이것은 천하대란에도 후한 영제가 '태평성대인데 위기라니?'한 말과 어금버금하니 더 열거하지 않아도 이 정도면 틀림없이 청와대에 십상시가 살고 있다.

모르긴 몰라도 그는 마음에 쏙 드는 말만 계속할 것이다.

북한의 농성(籠城)

2019. 1. 28
출판교육문화뉴스 칼럼

북한 경제재재는 공성전이다.

작은 공성전(攻城戰)은 적의 성을 포위하여 공격하는 것이고 큰 공성전은 나라 전체를 봉쇄하는 싸움이다.

삼국시대 많은 공성전 중에서 세 곳의 공성전으로 경제제재 속 북한의 농성(籠城: 포위당한 성을 지킴) 심리를 알아본다.

184년 조홍(趙弘), 한충(韓忠), 손중(孫仲) 세 사람이 황건적 잔당을 불러모아 무리 수 만을 규합했다. 이들이 불을 지르고 백성을 노략

질하며 장각의 원수를 갚을 것이라고 하자 주준이 조서를 받들어 군사를 거느리고 진군했다.

당시 황건적은 완성(宛城)을 근거지로 하고 있었다. 주준이 병력을 나누어 사방을 포위하니 성안에는 군량이 떨어졌다. 한충이 사람을 보내 성을 나가서 항복하겠다고 했다. 주준이 수락하지 않자 같이 참전했던 유비가 권유했다.

"옛날 고조가 천하를 얻은 것은 아마도 항복을 권하고 귀순하는 사람을 받아들인 것 때문입니다. 공은 어찌 한충의 제의를 거절합니까?"

주준이 대답했다.

피일시(彼一時) 그때는 그때고
차일시(此一時) 지금은 지금이다

"전세가 유리하면 약탈하다가 불리하면 바로 투항한다면 도적은 끊이지 않는다."

그러자 유비가 다시 공성책을 제안했다.

"사방이 포위되고 항복도 할 수 없다면 도적은 반드시 죽기로 싸울 것입니다. 1만 명이 한마음이 되어도 감당하기 어려운데, 성안에 죽음을 각오한 수만 명의 군사가 있습니다. 동남방을 포위한 병력은 철수하고 서북방만 공격하십시오. 적은 반드시 성을 버리고 달아날 것이며 무심연전(無心戀戰)할 것이니 적장도 사로잡을 수 있습니다."

무심연전(無心戀戰) 싸우려는 마음이 없다.

주준은 맞는 말이라고 여겨 동남방 양면 군마는 철수하고 서북방만 일제히 공격했다. 과연 유비의 말대로 한충은 군사를 이끌고 성을 버리고 달아나 주준은 승리를 거두었다.

196년 태사자가 경현성에서 농성할 때 손책은 주유의 계책에 따라 경현성의 3면을 공격하고 동문은 그냥 달아나도록 놓아두었다. 동문 밖에 일군(一軍)을 매복하고, 또 25리마다 각각 일군(一軍)씩 모두 세 군데에 일군(一軍)씩 매복했다.

진무가 성벽을 기어올라 방화하자 태사자는 성 위에 불이 난 것을 보고 동문으로 달아났다. 배후에서 손책이 이끄는 성 밖의 제 1진 매복군이 즉시 태사자를 추격하면서 태사자의 군사를 공격하고, 또 제 2진 매복군이 이미 지쳐있는 태사자를 넘겨받아 다시 25리를 추격하면서 공격하여 제 3진 매복군이 있는 곳 즉 경현성에서 50리 떨어진 곳까지 몰았다. 태사자는 50리를 쉬지 않고 달린 셈이다.

인곤마핍(人困馬乏) 먼 길을 달려서 사람과 말이 모두 지쳐 피곤하고
기진맥진(氣盡脈盡) 기력이 다하고 맥이 풀렸다

지쳐있는 태사자를 제 3진 매복군이 반마삭(絆馬索)으로 말 다리를 걸어 넘어뜨리고 사로잡았다.

완성과 경현성의 공성전에서 성문을 하나를 비워둔 것은 성을 지키려는 의지를 꺾어 무심연전(無心戀戰)을 조장하는 심리전이다. 성문을 나서는 순간 인곤마핍(人困馬乏) 기진맥진(氣盡脈盡)은 예정된 것이었다.

257년으로 수춘성에서 제갈탄이 반기를 들자 사마소는 군사를 동원하여 사방을 에워싸고 힘써 공성했다. 수춘성에 군량이 많다는 것을 안 종회가 남문의 포위를 풀자고 했다. 이것이 바로 사마소가 오지자방(吾之子房)이라고 칭찬했던 계책인데 고금을 막론하고 사태를 꿰뚫어 보는 사람은 있다.

오지자방(吾之子房)
나의 장자방(장량). 한고조를 도왔던 장량처럼 아주 유능한 모사.

오지자방(吾之子房)을 언급한 사람치고 남의 신하로 지낸 사람은 없다. 조조도 순욱을 오지자방(吾之子房)이라고 했고, 조선에서도 세조가 재야에 있을 때 한명회를 두고 오지자방(吾之子房)이라고 했다.

동오의 장수 우전, 전역, 전단, 문흠이 제갈탄을 도우러 포위가 풀린 남문을 통해 군사 1만을 이끌고 수춘성으로 입성했다.

그제야 사마소는 남문마저 포위하여 공성전에 들어갔다. 동오의 군사 1만이 수춘성에 들어가자 군량이 금방 바닥났다. 마침내 굶주린 군사들이 견디지 못하고 스스로 성문을 열어 항복하니 제갈탄은 죽고 반란은 진압됐다.

북한 경제를 완전히 봉쇄하여 고사시키려는 것은 수춘성 공성전과 같은 경우이고 중국이나 러시아가 북한의 뒤에서 문을 열어주는 것은 완성과 경현성의 경우처럼 우리가 의도하지 않았으나 성문 하나를 비워 무심연전(無心戀戰)을 조장하는 공성전이다.

북한 경제재재하에서 중국과 러시아가 북한 정권이 연명할 정도의 지원을 하니 오히려 북한을 무심연전(無心戀戰)하게 하는 일이며, 중국과 러시아는 북한 때문에 물자를 소비하여 경제적인 부담이 되니 이 또한 나쁜 계책은 아니다.

이대로 대북 경제제재라는 공성전을 계속하면 설사 북핵 제거에 실패해도 북한은 농성(籠城)을 하다 달아나든지 아니면 스스로 문을 열 가능성이 있다.

우리로서는 미국과 군사동맹을 강화하고 대북 경제제재를 계속하는 것만이 통일로 가는 유일한 길이다.

나라간 대결에 낭만은 환상이다. 적에게 무슨 양심이 있으며 거기에 신용을 기대한다는 것 자체가 착각이다.

결국은 사생결단(死生決斷)으로 갔다는 것이 내내 삼국지가 우리에게 주는 교훈이다.

견기부조(見機不早)   기회를 보는 것이 빠르지 않으면
회지만의(悔之晚矣)   후회해도 늦다

난세의 정치인

2019. 2. 11
출판교육문화뉴스 칼럼

좌재명, 우준표는 난세의 정치인이다.

정치인이 꼭 점잖은 도덕선생이나 성인군자가 되어야할 필요는 없으나 삼국시대에는 특히 멘탈 갑들이 설치는 무대이고 막말, 무자비, 음모, 배신, 속임수, 강심장, 안면몰수 등이 어느 때보다 난무한 시대였다. 정도가 심한 사람일수록 난세를 더 잘 헤쳐 나갔다.

원소는 한복을 도와주겠다며 기주성에 들어가 성을 통째로 삼켰고, 여포는 조조가 자리를 비운 사이에 복양성을 차지하고 이것을 따지는 조조에게 '너만 땅을 차지하라는 법이 있느냐?'고 대들었고 또 유비가 소패성에다 여포의 안신처를 마련해주었으나 은혜는 고사하고 유비의 본거지 서주성마저 점령했다.

원술은 황제가 있는데도 스스로 황제위에 오르는 모험을 서슴지 않았다.

삼국시대에는 이렇게 막나가는 사람들이 많았다. 문인으로 이름 높은 건안칠자의 한 사람이며 또 뛰어난 용병술의 대가이기도 한 삼국지의 중심인물 조조가 이런 점에서는 가히 압권이었다.

낙양에 진군한 동탁이 무력으로 조정을 억압하여 모든 실권을 쥐고 스스로 승상이 되었다. 그러나 조정 대신들은 변방에서 올라와 설치는 그를 별로 탐탁해하지 않았다.

이들은 왕윤이 주축이 되어 동탁 제거를 논의하던 중 아무도 떠맡지 않으려는 동탁 암살을 조조가 의연히 자청하고 나섰다. 조조는 특별히 왕윤의 집안에서 가보로 전해오는 칠보도(七寶刀: 일곱 가지 보석으로 장식한 칼)를 요구했다.

다음날 조조가 칠보도를 차고 느지막하게 동탁이 있는 승상부에 출근했다. 동탁이 지각한 것을 나무라자 조조는 자기가 탄 말이 부실해서 늦었다고 변명했다. 동탁은 곁에 있던 여포에게 자기의 영지인 서량에서 올라온 좋은 말 한 필을 골라 조조에게 주라고 했다. 지금으로 치면 고급 승용차 한 대를 뽑아주는 것과 같다.

여포가 자리를 비운 사이, 조조는 침상에서 벽을 향해 돌아누워 있는 동탁을 암살하려고 칠보도를 빼들었다. 그러나 조조가 미처 살피지 못했던 일이 있었다. 동탁은 비록 벽을 보고 돌아누워 있었으나 벽에 걸린 구리거울을 통해 조조의 행동을 다 보고 있었다. 칼을 빼든 조조를 경계하여 동탁이 급히 일어나자 당황한 조조는 어정쩡한 자세로 칼을 바치며 말했다.

"마침 보검 한 자루가 생겨 승상께 바치려고 가져왔습니다."

미심쩍었으나 동탁이 칼을 받아서 살피니 과연 보검이라 일단 조조의 말을 믿었다. 때마침 여포가 말을 끌고 왔다. 조조는 말을 한번 시승을 해보겠다며 말에 올라 그길로 진류땅을 향해 달아났다.

이 모든 과정은 조조의 치밀한 계획에서 나온 것이다.

一. 언제든지 혼자 달아날 준비를 한 조조는 장안에 가족을 두지 않았다.
一. 미리 칠보도를 구해 실패에 대비한 변명까지 준비했다.
一. 일부러 늦게 출근하여 좋은 말도 얻고 또 동탁을 호위하던 명장 여포를 분리했다.
一. 말을 시승한다는 구실을 붙여 도망쳤다.

위기일발(危機一髮)에도 태연한 조조의 임기응변(臨機應變)은 철저한 준비에서 나온 자신감에서 기인한 것이다.

동탁 암살계획이 성공하면 당연히 천하에 명성을 떨칠 것이고, 실패해도 또한 동탁을 암살하려 했다는 대의명분을 얻어 천하를 활보하는데 도움이 된다. 꼭 성공시키지 않아도 얻고자 하는 것은 다 얻는다. 그래서 처음부터 굳이 위험한 암살을 염두에도 두지 않았고 단지 칠보도를 바치는 선에서 끝내고 달아나는 것이 최종 목표였는지도 우리는 조조의 그 깊은 속뜻을 알 길이 없다.

조조가 도망가는 길에 진궁과 동행하게 되었다.
도중에 두 사람이 조조 부친의 친구인 여백사의 집에 들렀다가 오해하여 여백사의 일가족을 다 살해했다. 마지막으로 여백사마저 살해한 조조는 진궁에게 가당찮은 말을 했다.

영교아부천하인(寧敎我負天下人)
차라리 내가 천하 사람을 저버릴지언정

휴교천하인부아(休敎天下人負我)
천하 사람이 나를 저버리지 않게 하겠다

이 말을 들은 진궁은 조조 곁을 떠나는데 그의 멘탈로써는 차마 용납할 수 없는 막말이었다.

조조가 업군에 있을 때 경기, 위황, 김의 등이 허도에서 사방에 불을 지르며 반란을 일으켰으나 곧 진압되었다.

반란 주모자들을 모두 참수한 뒤, 하후돈이 허도에 있던 백관을 모두 조조가 있는 업군으로 압송했다. 조조는 연무장에서 왼쪽에 홍기, 오른쪽에 백기를 세우고 명령했다.

"경기 위황 등이 반란을 일으켜 허도에 방화했을 때, 너희들 또한 나와서 불을 끈 사람도 있을 것이고 폐문불출(閉門不出)한 사람도 있을 것이다. 그날 불을 끈 자는 홍기(紅旗) 아래에 서고, 불을 끄지 않은 자는 백기(白旗) 아래에 서라."

불을 껐다고 하면 용서를 받을 것이라고 여겨 대부분이 홍기 아래에 서고 1/3만 백기 아래에 섰다. 조조는 불을 껐다고 홍기 아래에 선 사람을 다 참수하니 이때 죽은 사람이 300여 명이었다.

이것이 바로 홍기백기(紅旗白旗)의 사자성어다.

홍기백기(紅旗白旗)

허도의 화재 후 조조가 반란에 가담한 사람을 찾기 위해 두 개의 깃발을 세우고 불을 끈 사람은 홍기 아래로, 불을 끄지 않은 사람은 백기 아래로 모이라고 했던 것에서 나온 말.

조조는 오히려 불을 껐다고 주장하는 홍기 아래에 섰던 자를 처형했다. 백기 아래에 선 자들은 대문을 닫고 집에서 나오지 않았으니 불을 끄지는 않은 것은 확실하지만 적어도 반란에 가담하지 않았을 것이라는 판단이다.

자기의 반대파를 무자비하게 숙청한 홍기백기의 사건, 그 판단만은 수긍이 가지만 조조 같은 강심장이 아니고서는 할 수 없는 일이다.

조조가 자기의 지위를 유지하려 이렇게 반대파를 숙청하니 복수하려는 사람들이 많았다. 그래서 그는 항상 불안감에 시달려 일찍이 주위의 사람들에게 모든 것을 내려놓고 향리에 돌아가고 싶지만 만약 칼자루를 놓는다면 자기가 무사할 수 없다는 말을 했다.
또 좌우에게 경고했다.
"나는 꿈속에서 사람을 죽이는 것을 좋아한다. 내가 잠들면 너희들은 절대로 가까이 오지마라."
하루는 장중에서 낮잠을 자는데 이불이 바닥에 떨어졌다. 가까이서 모시는 한 사람이 재빨리 덮어주었다. 조조가 벌떡 일어나서 검을 뽑아 그를 베고 다시 침상에서 잠을 잤다. 한참 자다가 일어나 거짓으로 놀란 척하며 시치미를 떼고 물었다.
"누가 내 시중을 죽였느냐?"
사람들이 사실대로 말하니 조조가 통곡하며 그를 후히 장사지내주라고 명했다. 사람들은 모두 조조가 몽중살인(夢中殺人)을 했다고 여겼지만 실은 다 연극이었다.

여태까지의 우리 정치사에 처음에는 영광과 명예를 기대하고 등장한 사람들이 마지막에는 모두 회한과 마음의 상처를 안고 정치판을 떠난다.

삼국시대에 성공한 조조처럼 당금의 우리 난세 정치를 헤쳐 나갈 멘탈의 소유자는 좌재명, 우준표 같은 사람들이다. 마음의 평안을 바라는 사람은 좌우를 막론하고 빨리 정치판을 떠나라.

구사현하(口似懸河) 　말은 폭포수가 쏟아지는 것 같고
설여이도(舌如利刀) 　혀는 날카로운 칼과 같다

세상에 이런 법도 있나!

2019. 2. 18
출판교육문화뉴스 칼럼

경남도지사 김경수가 구속되고 제법 시간이 지났으나 아직도 민주당이 분을 삭이지 못해 씩씩거리고 있다.

양승태고, 김경수고 털어서라도 일단 죄가 있으면 판결이 어찌됐던 그 재판에 대해 불복해서는 안된다. 법은 자유민주주의를 지키는 보루다. 신상을 털었다든지, 안 털었다든지 자체가 사건의 본질이 되어서는 안되고 또한 법의 잣대를 시비거리로 삼아서도 안된다.

우리 정치인들은 법을 법의 논리로 풀지 않고 정치적인 색채로 민중을 선동하려고 한다. 이런 정치인들이 가치와 원칙도 없는 뒷골목에서나 통하는 말을 감히 국민 앞에서 함부로 내뱉는다.

지금까지의 한국 정치사를 보면 여당과 야당, 현정권과 차기정권은 '오는 몽둥이에 가는 홍두깨'이다. 지금이라도 양승태와 김경수를 법대로 하는 것이 다음에 맞을 홍두깨를 피하는 유일한 길이다.

치기인 이용기법(治其人 而用其法)
그 사람을 다스리면서 그 사람의 방법을 쓴다

출호이자 반호이(出乎爾者 反乎爾)
너에게서 나온 것은 너에게로 돌아간다.

저번에 종회가 촉을 정벌하러 가면서 오히려 전함을 건조하며 동오로 진군한다고 소문을 내더니, 이번에는 사마소가 종회를 잡으러 가면서 거짓으로 등애를 잡으러 간다고 소문을 낸 것을 두고 한 삼국지 모종강의 평이다.

지금 우리 정치인은 1800년 전 삼국시대의 사람들 법감정보다도 못하다.

221년 유비가 관우의 원수를 갚으러 강남으로 진군하자 다급한 오(吳)나라의 손권은 위(魏)나라 조비에게 자신을 신하라 칭하고 원군을 구했다.

조비는 먼저 손권에게 구석(九錫: 천자만 하는 의장)을 내렸다. 손권이 백관을 거느리고 성은 나가 사자를 영접하니, 위나라 형정(邢貞)은 상국(上國)의 천자가 보낸 사자라는 위세를 믿고 수레를 타고 성문을 들어왔다.

오나라의 장소가 노하여 사납게 외쳤다.

예무불경(禮無不敬) 예(禮)에는 공경하지 않음이 없고
법무불숙(法無不肅) 법(法)에는 엄숙하지 않음이 없다

"그대가 감히 자신을 존대하는데 어찌 강남에 한 치짜리 칼도 없겠는가?"

형정이 급히 수레에서 내렸다.

성문을 들어올 때 수레에서 내리는 것이 예의이고 법인데 권위와 위세를 내세워 함부로 법을 무시했던 것을 나무랐다.

당시의 사람들도 예의는 공경으로 법도는 엄숙하게 지켜야 한다는 것을 강조했는데 지금 민주사회라고 하는 우리들은 아직도 이 지경이다.

224년 조조의 아들 조비가 황제에 올라 동오를 정벌하려고 남하했다.

동오의 대장 서성이 군사를 이끌고 장강의 남쪽에서 방어선을 구축했다. 손소가 서성의 반대를 무릅쓰고 강북으로 가서 조비와 결사전을 하겠다고 고집을 피웠다. 서성은 군령을 따르지 않는 손소를 끌고

나가 참수하라고 명령하자 손소의 부하들이 손권에게 황급히 이 사실을 보고했다. 손권은 형 손책이 아끼던 손소를 구하려고 급히 달려와 자신의 신하인 서성에게 사정사정(事情事情)했다.

그러자 서성이 주군 손권에게 충고했다.

"법은 신이 세운 것도 아니고, 대왕께서 세운 것도 아니고, 바로 국가의 전형(典刑)입니다. 만약 친하다고 손소를 사면해주면 어떻게 사람들을 호령하겠습니까?"

당시도 나라를 올바르게 서게 하는 것은 법이었다. 손권은 법을 지키려는 자신의 신하인 서성을 감히 적폐세력이라 하지 않고 오히려 을의 입장에서 힘들여 부탁했다.

또 유비가 서천을 차지하고 제갈량을 시켜 법을 정비했는데 너무 엄격했다. 법정이 한나라 고조는 법 3장으로도 나라를 잘 다스렸는데 새로 제정한 법이 너무 엄하다고 말하자 제갈량이 대답했다.

지기일(知其一) 하나만 알고
미지기이(未知其二) 둘은 모른다

법행지은(法行知恩) 법이 행해져야 은혜를 안다

진나라는 법이 포학하여 백성들이 힘들었기 때문에 한나라가 법 3장으로 백성을 너그럽고 인자하게 하여 인심은 얻었으나 오히려 군신의 도는 점점 문란해졌다. 그래서 법을 엄하게 지켜야 은혜를 안다고 법의 역할을 강조했다.

물이 나약하다고 사람들이 스스럼없이 대하다가 많은 사람이 물에서 죽지만, 불이 맹렬하니 사람들이 그것을 바라보고 두려워하여 불에서 죽는 사람이 드물다.

즉 법이란 엄함이 도리어 이로우며 오히려 관용의 도를 이룬다.

218년 대군(代郡)의 오환(烏桓)이 반란을 일으켰다. 조조는 차자인 조창에게 5만 대군을 주어 그들을 토벌하라고 보내면서 타일렀다.

"집에 있으면 부자간이나 나랏일을 맡으면 군신간이다. 법불순정(法不徇情)이니 너는 당연히 깊이 경계하라."

법불순정(法不徇情) 법(法)은 정(情)에 따르지 않는다.

조조는 부자간에도 공적인 일에서 이렇게 선을 그어 법을 엄격하게 지키며 사사롭게 하지 않았다.

조조가 장제의 조카인 장수(張繡)를 정벌하려고 진군했다. 연도에 밀이 익어있었다. 조조는 농민들의 피해를 줄이려고 군령을 내렸다.

'밀밭을 함부로 밟는 자는 참수한다.'

군사들이 모두 밀을 밟지 않으려고 밀대를 붙잡고 지나면서 다음

군사에게 건네주며 조심스럽게 행군했다.

조조가 탄 말이 잘 놀라는 말 즉 안생마(眼生馬)였다. 이 안생마가 밀밭에서 날아오르는 비둘기에 놀라 날뛰는 바람에 밀밭을 많이 깔아뭉갰다.

조조가 말했다.

"나 자신이 법을 만들고 나 자신이 법을 위반하면 어떻게 사람들을 복종시키겠는가?"

즉시 패검을 뽑아 자신의 목을 베려고 하니 사람들이 급히 말렸다. 곽가가 조언했다.

법불가어존(法不加於尊) 존귀한 몸에는 법을 적용하지 않습니다.

곽가는 춘추대의를 가지고 조조를 말렸다. 춘추대의는 공자가 사람과 천명에 대한 대의를 위주로 하여 엮은 노나라 중심 편년체(編年體) 역사서인 춘추의 근간을 이루는 이념이다. 물론 당시 최고의 이념적 권위였던 공자의 춘추대의쯤은 가져야 사면이 정당화됐던 것이다.

마침내 조조는 검으로 자기 상투를 스스로 잘라 땅에 던지며 할발대수(割髮代首)라고 외쳤다.

할발대수(割髮代首) 상투를 베어 머리를 대신하다.

사람을 시켜 상투를 삼군에 돌리면서 알렸다.

"승상이 보리를 밟았다. 본래 참수하여 호령하는 것이 마땅하나, 지금은 우선 상투를 베어 이를 대신한다."

조조가 누구인가? 중원의 패자가 아닌가! 상투를 중요시하여 죄인에게 내리는 형벌이 바로 상투를 자르는 그런 시대였으니 조조의 상투라면 천 명이나 만 명의 목숨 값이다. 그런 그가 스스로 상투를 잘라 법을 지키려고 노력했으니 이를 본 삼군은 군령의 엄숙함에 모두가 모골이 송연하여 치를 떨었다고 삼국지는 말한다.

법은 안중에도 없고 촛불이니, 횃불이니, 태극기니, 여론이니 하는 따위가 감히 삼권분립을 훼손하려고 한다.

이러려면 아예 사법부를 없애버리지.

알 만한 사람이
풍수타령

2019. 2. 25
출판교육문화뉴스 칼럼

　청와대터가 좋지 않단다. 문대통령 측근인 유홍준 광화문대통령시대 위원회 자문위원이 기자회견에서 밝혔다.
　그는 광화문으로 집무실을 이전하는 것이 현실적인 이유로 어렵다는 내용을 발표하면서 "현재 대통령 관저가 풍수상 불길해서 옮겨야 한다."고 말했다. '풍수상 불길하다는 이야기의 근거가 무엇인가?'라고 묻자 "수많은 근거가 있다."고 대답했다. 실제 유위원은 문대통령과 가까운 사람으로 문대통령에게 청와대가 풍수상 좋지 않다는 이야기를 자주했다고 한다.

도선풍수철학원장 박민찬씨도 비슷한 말을 하긴 했다. 또 남산은 우백호이고 북악은 좌청룡이다. 청계천에서 시작하여 광화문은 사람의 명치, 중랑천은 배인데 청계천을 복원 개방한 것은 와인개봉(臥人開封)현상이라고 한다.

즉 청계천이 배인데 갈라놓으면 죽는다는 말이고 1960년대 청계천 복개 후 경제성장을 했으나 2003년 당시 이명박 서울시장이 청계천을 원래 모습으로 복원하여 한국의 발전이 멈추었다고 한다.

직업으로 풍수학을 공부한 그쪽 사람의 입장에서야 못할 말은 아니지만 그래도 문화재청장을 지낸 사람이 공공연히 청와대 주인의 운명을 풍수 탓이라고 한다. 벌건 백주 대낮에 기자들 앞에서 이런 미신적인 말을 해도 되는 수준의 나라가 바로 한국이다.

나는 어깨너머로 선친에게서 풍수, 사주, 작명 등을 배운 적이 있어서 패철을 들고 제법 현장을 다니기도 했다. 지기(地氣)와 수맥 등도 살펴 혈자리나 집터를 잡았으며 또 사주를 보거나 작명 등을 했던 경험도 있다.

그러나 이런 것들은 신봉할 학문이 아니라는 것을 깨닫고 그만 두었다.

50년 전만 해도 이 땅 한반도에는 도깨비가 우글우글했다. 그러나 시대가 흐르며 도깨비가 점점 전깃불에 산화되어 사라지자 어른들이 어리둥절하며 하시던 말씀을 아직도 기억한다.

"그 많던 도깨비가 다 어디로 갔지??"

수십 년 전부터 도깨비가 출몰했다는 이야기는 우리에게서 완전히 사라졌다.

2500년 전 공자님 시대에는 도깨비 이야기가 얼마나 많았겠는가! 그래도 공자님은 논어 술이(述而)편에 '자불어(子不語) 괴력난신(怪力亂神)'이라고 하시며 의연히 미신을 배제했으니 지금 보아도 그분은 성인이시다.

괴력난신(怪力亂神)
괴(怪)는 보통이 아닌 것, 력(力)은 힘이 강한 것, 난(亂)은 도리를 벗어나 사회를 어지럽히는 것, 신(神)은 신묘하고 이상한 것.

즉 공자는 사람의 지식으로 알 수 없는 것과 이성으로 설명할 수 없는 것은 말씀하지 않으셨다.

삼국지에서 서서가 유비를 만난 첫날, 그는 유비가 타는 적로마(的盧馬)를 한번 보자고 했다.
서서가 적로마를 살피고 나서 유비에게 말했다.
"이것은 적로마가 아닙니까? 비록 천리마라고 하지만 주인을 해코지하니 타서는 안됩니다."
이어 서서는 해코지를 방지할 기양지법(祈禳之法) 즉 액막이를 알려주었다.

"공의 심중에 원수나 원한이 있는 사람이 있거든 그에게 이 말을 주십시오. 그 사람이 해코지를 당하고 나서 이 말을 타시면 자연히 무사(無事)합니다."

현덕이 듣고 얼굴색을 바꾸어 단호히 말했다.

"공이 이곳에 와서 처음부터 나에게 정도(正道)로써 가르쳐 주지 않고, 곧 자기를 이롭게 하려고 다른 사람을 해코지하는 일을 가르쳐 주시는데 나는 감히 가르침을 듣지 않겠습니다."

유비도 이런 정도의 미신은 단연히 거절했다.

선복이 웃으며 사죄했다.

"전에 사군이 인덕(仁德)이 있다는 것은 들었지만, 감히 직설적으로 물을 수 없어서 이런 말로 시험했습니다."

동탁의 사후 이각과 곽사가 후한 조정의 권력을 전횡하다가 나중에는 두 사람이 전투를 벌이며 피터지게 싸웠다. 이때 이각은 무녀를 믿어 강신굿을 하고 포상을 아끼지 않았으나 장수들에게는 냉담했다.

그 결과 기도위 양봉이 이각에게 반기를 들어 서안으로 가버리자 이각의 군세는 점점 와해되었다.

삼국시대 주역으로 점을 잘 쳤던 관로(管輅)는 근사록(近思錄)에도 자주 등장하는 인물이다.

조조가 불러 많은 것을 묻자 관로가 대답했다.

망망천수(茫茫天數)   망망한 천수는
불가예지(不可預知)   미리 알 수 없으며
대후자험(待後自驗)   훗날을 기다려 스스로 징험(徵驗)해야 합니다

나중에 일이 되어봐야 아는 것이다. 역(易)의 묘리를 깨쳤다고 당시 인정을 받았던 사람의 충고인데 설사 미리 안다 해도 어떤 방책을 세울 수 없다는 것을 강조한 말이다.

삼국 중에서 가장 먼저 망한 촉나라 황제 유선이 환관 황호의 소개를 받아 무녀를 불러 강신굿을 하고 점치자 무녀가 접신하여 전했다.
"내가 바로 서천 토지신(土地神)이오. 폐하께서는 기쁘게 태평을 즐기시면 되는데 어찌하여 다른 일을 찾고 물어보십니까? 몇 년 후 위국의 강토도 폐하께 돌아올 것이니 조금도 걱정하지 마십시오."
촉나라가 망하고 난 다음, 오나라 황제 손호는 토목공사를 크게 일으켜 소명궁(昭明宮)을 짓느라고 문무관리들을 시켜 산에 들어가서 나무를 벌채(伐採)하게 했다. 또 술사(術士) 상광(尙廣)을 불러 점을 쳤다.
"천하를 얻을 수 있겠느냐?"
"폐하의 점괘는 길조가 나왔습니다. 경자년(更子年: 280년)에 청라산개(靑羅傘蓋)를 쓰고 당연히 낙양에 들어가십니다."

유선은 위나라에 항복하여 촉나라 전국토를 바치고 위국의 봉토를 눈곱만큼 받았으니 점이 맞다면 억지로 맞는 것이고, 손호는 경자년(更子年: 280년)에 낙양으로 가기는 갔지만 청라산개는 고사하고 진(晉)나라 군사에게 잡혀 압송되어 끌려갔다.

또 얼마 전 이야기인데 어떤 사람이 점을 치니 물 조심을 해야 한다고 했다. 그래서 항상 큰 물가를 의식적으로 피해서 다녔는데, 그러던 어느 날 죽을 쑤다가 끓는 죽이 손등에 튀어 생각지도 못한 물로 인한 화상을 입었다. 그는 상당한 기간 동안 화상치료를 해야 했다.
 이래도 미신을 좋아할 것인가? 그냥 살던 대로 살고 왔던 길로 바로만 가자.

또 최근 대구에서 추명학으로 유부브에 등장한 어떤 사람이 많은 사람들의 운명을 봐주면서 한 달에 천만 원 이상의 소득을 올렸다. 그런 그도 자신의 운명을 알지 못해서 다른 사람에게 의뢰하여 운명 감정을 받았다.
 그 결과 자신의 행운을 확신했으나 잠시 후 관재수를 면하지 못하고 구속 수감되었다. 아마 그의 운명을 감정해주었던 그 사람마저도 자신의 운명은 모른 채 남의 운명을 봐주느라 동분서주하며 돈을 벌고 있을 것이다.

결국 사주란 이런 것이니, 재미삼아 한두 번쯤 사주를 보며 심리적

안정을 찾는 순기능에 만족해야 한다. 또 풍수학은 수맥이나 조사하는 정도에서 그칠 일이지 청와대를 두고 이러니저러니 풍수로써 국운을 논하면 국민에게 미치는 그 미신적인 파장을 어떻게 할 것인가? 선거 때만 되면 모두 조상 묘를 이장한다고 법석을 떨 것이다.

단언컨대 감정을 많이 받으면 받을수록 왔다갔다하고 알똥말똥하고 그저 그래서 오히려 안 본 것보다 못한 것이 바로 이런 사주나 점이나 풍수 같은 것이다.

문화재청장을 지낸 공인 유홍준씨와 카톨릭 신자인 문대통령 사이에서 청와대터가 풍수상 좋지 않다는 말이 여러 번 오갔다고 공식적으로 발표했는데 참 잘들하고 있다. 많은 근거가 있다고 기자들 앞에서 헛말을 하는 그 시간에 차라리 청와대에서 굿이나 하고 떡이나 먹지.

'나의 문화유산답사기'를 읽느라 헛된 시간을 보낸 것이 아깝다.

지금이 인공지능 즉 4차 산업혁명시대라고 하는데 현실적인 이치에 심력을 다하지 않고 어찌 산천이나 주술이 사람의 운명을 결정한다고 말하는가? 이러면 굿당도 나라에서 세워 무당을 불러 운영해야겠다.

청와대터 운운하는 것은 박근혜 전 대통령이 굿을 했다고 하는 것과 별반 다를 것이 없다. 그런데 누가 보더라도 박근혜 전대통령 청와대 굿판은 실체가 없는 것이고, 문대통령과 유홍준씨 사이에 오간 미신적 대화의 내용에는 실체가 있다. 모름지기 후일을 위해 조심하고 몸을 사려야 할 것이다. 지난 일을 보니 권력의 내리막길은 가파르더라.

 1800년 전 오나라를 일으킨 손책이 오명재천(吾命在天)이라 외치며 미신을 배제했다. 적어도 지도자나 오피니언 리더는 손책처럼 말해야 할 책임이 있다.

오명재천(吾命在天) 내 목숨은 하늘에 있다.

하노이 회담

2019. 3. 5
출판교육문화뉴스 칼럼

    한국의 미래가 당사자 우리가 아닌 미국과 북한의 외교적 성과에 달린 것처럼 보인다.
    트럼프가 하노이에서 김정은과 회담을 하다 무엇이 못마땅했던지 자리를 걷어차고 일어났다. 그래서 두 정상은 외교적인 성과를 얻지 못한 채 회담을 끝냈다.
    결과는 바로 삼국지에서 장비가 유비에게 형주 유표의 초청을 반대했던 말 그대로다.

연무호연(筵無好筵)　잔치에 즐거운 잔치 없고
회무호회(會無好會)　모임에 즐거운 모임 없으니
불여불거(不如不去)　안 가는 것이 좋다

미국이 그리 쉽게 북한의 핵무장을 공식적으로 용인할 것 같았으면 우리는 또 무엇하러 북핵을 걱정한단 말인가?

한국도 덩달아 핵무장하는 것이 용인되어 1~2년 뒤면 핵보유국이 될 것이다. 이후 일본, 대만 등도 가만있지 않을 것이니 지구촌은 통제 불능의 난장판이 될 것이다.

일단 북한 같은 문제아를 한번 방치한다면 세계적 핵재앙의 단서가 된다는 것을 미국이 모를 리 없으니 보나마나한 협상이었다.

그러면 왜 저 트럼프가 회담에 나간 것일까?

검증 없는 비핵화가 환각이라는 것을 기정사실로 알고 있는 그가 혹시나 하는 기대를 했을 리도 없으니, 그저 자신의 정치적 역량을 가식적으로 보여주어 지지율을 높이는 수단으로 이용하거나 아니면 북한 경제제재의 구실이나 쌓는 것이라고 개인적으로 생각한다.

유비가 허도에서 조조의 통제를 받고 있다가 원술을 공격하겠다는 핑계를 대고 조조에게서 군사를 얻어 서주로 진군했다. 드디어 유비는 조조의 손에서 탈출했던 것이다.

유비가 떠나자 정욱이 조조에게 경각심을 심어주었다.

방룡입해(放龍入海) 　용을 놓아주어 바다에 들어가게 하고
종호귀산(縱虎歸山) 　범을 풀어놓아 산에 돌려보냈는데
후욕치지(後欲治之) 　뒷날 다스리려고 하면
기가득호(其可得乎) 　그것이 가능하겠습니까?

곽가도 유비를 놓아준 것을 걱정했다.

일일종적(一日縱敵) 　하루 적을 놓아주면
만세지환(萬世之患) 　만세의 우환이다

조조가 유비에게 회군령을 내렸으나 한번 달아난 유비가 조조의 통제를 받아야 하는 허도로 돌아올 리 만무했다.

북한의 비핵화 기회도 한번 놓치면 영영 달아난 유비처럼 다시는 제어하지 못할 것이다.

미국과 북한의 비핵화 회담이 환상이었다는 것을 하노이가 마침내 입증했다.

여취방성(如醉方醒) 　취했다가 막 깨어난 것 같고
사몽초각(似夢初覺) 　꿈꾸다가 막 깨어난 것 같다

손권이 적벽대전을 결정하기 전 모친의 말을 듣고 불현듯 깨달았던 말인데 혹여 회담의 성과를 기대했던 사람들은 빨리 찬물 마시고

정신을 차려라.

고대에도 국가의 흥망성쇠는 외교가 지대한 영향을 미쳤다.

진(秦)나라는 소진(蘇秦)의 합종책(合縱策)을 깨고 장의(張儀)의 연횡책(連衡策)을 외교에 성공시켜 전국시대를 끝내고 중국을 통일했다.

합종책은 전국시대에 제일 강국이었던 중국 서북방의 진(秦)나라를 제외한 나머지 여섯 나라가 종대로 늘어서서 연합하여 진나라를 견제했다. 지금의 국제연합과 같은 합리적인 방식이었다.

연횡책은 소진 이후 장의가 여섯 나라에게 진나라와 각각 개별적인 연대를 맺자고 제안했다. 즉 횡대로 진나라와 각각 외교관계를 맺어 안전을 보장받으라는 것이었다. 즉 지금의 FTA협상처럼 여섯 나라는 서로의 연대성을 잃어 힘이 약화되었던 것이다.

연횡책으로 육국연합이 와해되자 진나라는 자신과 외교관계를 맺은 개별 나라를 하나하나 힘들이지 않고 점령하여 중국을 통일하니 이것은 외교의 승리다.

삼국시대 위·촉·오 세 나라도 외교가 낳은 산물이다.

조조가 북방을 정리하고 남방으로 진군하자 유비는 장강의 벼랑에 의지하다 재빨리 제갈량을 동오에 파견했다. 외교력으로 손권과 동맹을 성공시켜 조조를 북방으로 몰아낸 뒤 형주의 반을 차지하고 익주를 점령했다. 마침내 촉나라를 세워 명실 공히 천하삼분지계를 성공시켰던 것이다.

이후 유비가 한중을 차지하여 세력이 커지자 위나라 조조와 동오의 손권이 촉나라를 견제하게 되었다.

이제 동오가 위나라와 동맹하여 형주를 공격하니 관우가 대패하고 유비가 이릉으로 진군한 것도 동오에 의해 좌절되니 서촉이 겪은 두 번의 참사(慘事)는 외교의 실패다.

유비가 죽은 후 삼국이 정립하여 팽팽한 균형을 이룬 것은 서촉의 제갈량이 등지를 파견하여 다시 동오와 동맹한 외교의 힘이다.

그러나 국가의 역량을 키우지 않으면 아무리 현란한 외교를 펼쳐도 소용이 없다.

서촉과 동오의 동맹은 굳건했으나 서촉의 황제 유선이 환관을 신임하여 대신이나 일선 장수들과 소통하지 않았고, 동오도 황제 손호가 환관을 신임하고 폭정을 일삼았다. 그래서 국력이 약해진 두 나라는 마침내 진나라에 의해 멸망했다.

문재인 정부는 지금 외교와 국력 신장에 진력(盡力)을 기울이고 있는가? 왠지 불안감을 떨치지 못하겠다.

한반도의 미세먼지

2019. 3. 25
출판교육문화뉴스 칼럼

하늘은 희뿌옇다. 태양은 구름 뒤에 가려진 조각달 마냥 흐릿하다. 3월 초 미세먼지가 뒤덮은 한반도 하늘은 지구 종말의 날 같았다.

추월춘풍(秋月春風)은 삼국지 권두시(卷頭詩)에 나오는 말인데 가을밤 밝은 달과 남쪽에서 불어오는 봄바람을 말하는 것이니 바로 청정함의 상징이다.

추월춘풍(秋月春風) 가을철 맑은 밤하늘에 뜬 밝은 달과 봄이 시작되면 남쪽에서 불어오는 따뜻한 바람

1800년 전 중국의 삼국시대에야 말할 것도 없고 불과 얼마 전까지의 우리 한반도의 하늘도 추월춘풍(秋月春風)이었다.

작년 7월, 삼성동 코엑스에서 열린 국제도서전에 참가하느라 중앙아시아에서 서울로 왔던 나는 건너편 빌딩이 흐릿하게 보이는 것을 보고 기겁을 했다.

그런데 이번 3월 초 서울의 하늘을 보고는 아예 할 말을 잊었다. 사상 최고의 미세먼지라고 하더니 대낮에도 해가 보이지 않고 사방이 온통 컴컴했다. 숨쉬기가 거북해지더니 머리가 아프고 뱃속이 메스꺼워 소화제를 먹어야 했다.

금년 봄에는 유달리 한반도 상공에서 대기가 정체되어 중국에서 날아온 미세먼지가 계속 쌓이고 모여 흩어지지 않았다고 한다.

예전에는 봄에 바람이 자주 불었다. 나는 20년 동안 어부로 바다에서 고기를 잡던 시절이 있어서 봄바람을 잘 안다. 봄이면 바다에 정치망을 다시 설치해야 했는데 바람 때문에 몸서리를 쳤다. 바다 위에서 닻을 놓고 줄을 치는 작업을 할 때 바람이 불어 배가 흔들리면 이만저만한 고역이 아니었다. 당시에는 바람 잘 날이 거의 없었는데 금년에는 어찌하여 봄바람조차 불지 않는단 말인가?

천산산맥이 품고 있는 키르기즈스탄은 중앙아시아의 산악국이다. 그 옛날 실크로드의 중심지로서 우리가 익히 아는 키르기즈스탄의 북쪽 길은 천산북로, 남쪽 길은 천산남로이다. 천산남로에는 지금도 '캐러벤(kerben)'이라고 부르는 도시가 있어 당시 대상들이 얼마나 많이 다녔는지를 말하고 있다.

키르키즈스탄을 둘러싼 천산산맥 산등성이에는 항상 만년설이 보인다. 가시거리 12마일 즉 20km를 넘어도 언제나 하얀 만년설이 선명하게 시야에 들어온다.

이곳 기후는 타클라마칸 사막과 카자흐스탄의 건조지대 영향으로 습도가 낮아 항상 상쾌한 기분을 느끼게 해준다. 사막에 위치한 미국의 솔트레이크 시티가 휴양도시인 것도 이런 이유에서다. 그래서 건조 기후에 익숙해진 사람은 한국처럼 무덥고 습한 기후에서는 견디기 힘들다.

우리가 물질을 가지려고 모든 것을 희생하며 부단히 노력했던 것과는 달리 이곳 유목민들은 아직도 태고의 자연경관을 훼손시키지 않은 채 세상 돌아가는 것도 모르고 살고 있다. 이들이 비록 물질을 가지지 못했으나 전통방식 그대로 살면서 우리가 잃었던 것을 아직도 유지하고 있다.

누가 더 잘했는지 더 잘 살고 있는지를 환경오염이 심각한 지금 진지하게 생각해 볼 문제다.

고선지장군이 751년 압바스 페르시아군과 싸웠던 키르키즈스탄의 작은 도시 탈라스는 날마다 한가한 일상이 반복되는 곳이다.

천산산맥이 둘러싸고 있는 탈라스 분지는 대략 해발 1000m, 폭 10~20km, 길이 150km의 평야이고 설빙수가 모여 흐르는 탈라스강이 길게 이어져 있다.

40만 주민이 사는 경상남북도 면적만한 탈라스주(州)는 비옥한 평야에서 관개농업으로 강낭콩, 밀, 감자 등을 풍부하게 생산한다.

주청사 앞이라도 인적이 드물고 변변한 중심가도 없으며 전통시장 바자르에 들어가서야 사람들이 조금 붐비는 것을 볼 수 있다. 바자르 좌판에 진열된 의류, 주방용품, 플라스틱류, 신발 같은 상품들은 거의 중국산이고 철물점에는 간혹 러시아산 터키산도 섞여있다.

키르키즈스탄 자국산이래야 청과물과 견과류 그리고 양고기, 소고기, 말고기 정도다.

나지막한 주택들이 버드나무와 과일나무 사이에 넓게 퍼져있고 주민들 대부분은 농사를 지으면서 말과 소, 양을 초원에 풀어 계절 방목을 한다.

강가를 따라 군데군데 100~200호 정도의 촌락이 옹기종기 모여있고 해질녘이면 집집마다 밥 짓는 연기가 피어올라 오래전에 잊었던 우리 고향의 아련한 모습을 떠오르게 한다.

나는 예전부터 이런 생각을 해봤다.

고선지장군은 고구려가 망한 뒤 당나라로 이주한 부모에게서 태어난 고구려교민 2세다. 그렇다면 그를 따라 탈라스 전투에 참여한 군사들 중에는 교민 2세들도 많았을 것이다.

탈라스 전투에서 패배한 당나라 군사들이 이곳의 흑석령(黑石嶺)을 넘어 퇴각할 때 말과 낙타가 뒤엉켜 엄청난 혼란을 겪었다고 구당서가 기록하고 있다. 이때 미처 피하지 못한 군사들이 페르시아군의 포로가 되었다고 하지만 탈라스 깊은 골짜기로 피해간 군사들도 있었을 것이다.

그런데 고구려 출신 패잔병이 후일 다시 중국으로 돌아가 봤자 대우를 받을 형편은 아니었을 것이니 이들이 현지인 속에 스며들었을 가능성도 있다. 그러면 그 후예가 아직도 파란 하늘 아래 청정한 공기를 마시며 이곳 어딘가에서 추위에 언 새빨개진 볼로 양치기 생활을 하고 있을지도 모른다.

당나라로 가지 않고 한반도에 체류한 고구려인은 미세먼지 속에서 숨도 제대로 못 쉬는 지금의 나 자신이고, 751년 그 전투 이후 이곳에 눌러앉았던 군사들의 후예는 아마 추월춘풍(秋月春風)을 누리며 살고 있을 것이다.

문대통령이 미세먼지 문제를 해결하기 위해 학교 교실에 공기 청정기를 놓아주라고 지시했는데 이것은 집 밖의 미세먼지는 언급조차 하지 못하고 손바닥으로 해를 가리는 모면책일 뿐이다.

마치 유비가 동오에게서 형주를 잠시 빌린 일시변통(一時變通)의 일과 같다. 결국 일시변통은 완전한 해결책이 아니어서 위와 오의 연합군에게 패하여 관우가 죽고 형주를 잃고 말았다. 촉은 이로 인해 망조가 들었다고 모종강이 삼국지 평에서 말하고 있다.

일시변통(一時變通) 문제를 잠시 해결하기 위한 모면책

미세먼지를 피해 일시변통(一時變通)으로 집안에서 공기청정기만 틀어놓고 있으면 어떻게 먹고 살 것인가?

도올의 정통성 논란

2019. 4. 1
출판교육문화뉴스 칼럼

도올 김용옥 철학자가 KBS에서 토착 왜구란 말과 이승만 대통령의 묘를 국립묘지에서 파내야 한다고 정권 정통성 문제를 주장한 것은 발유구화(潑油救火)이다.

발유구화(潑油救火) 기름을 부어 불을 끄려고 하다

삼국지에서 조조가 우금(于禁)에게 칠지정병(七枝精兵)을 주어 관우에게 포위된 번성(樊城)의 조인(曹仁)을 구하라고 했다. 방덕(龐德)

이 선봉장을 자청하자 우금은 방덕의 형 방유(龐柔)가 서촉에서 유비를 섬기고 있다고 걱정하며 조조에게 했던 말이 발유구화(潑油救火)이다.

도올선생이 진보적인 입장에서 이승만 대통령의 정부수립이 건국과 정통이 아님을 강조하며 불을 끄려고 한 말이 오히려 불을 당겼다.

중국사에는 동시대의 역사를 정통성을 달리하여 기술한 편년체(編年體) 역사서가 있다. 바로 송나라 사마광의 자치통감(資治通鑑)과 또 주자(주희)의 통감강목(通鑑綱目)이다.

삼국시대를 사마광의 자치통감은 위나라를 정통으로 하여 기술한 데 반해 주자는 같은 삼국시대이지만 조조가 한나라 천자를 핍박하고 황후를 죽인 일 등을 못마땅하게 여겨 촉나라 유비를 정통으로 삼아 통감강목을 기술했다.

역사를 기술할 때 역사관을 달리한다는 것은 심각한 일이다. 자치통감에서는 촉의 군사가 위나라로 쳐들어가면 촉의 도적이 쳐들어온다고 했다. 그러나 역사관이 뒤바뀐 통감강목에서는 입장이 바뀌어 위나라가 도적이 된다.

그래서 나관중으로 시작한 지금의 삼국지라는 대하 역사소설은 주자학을 신봉한 모종강에 의해 손질되어 유비가 소설의 주인공으로 확실히 자리를 잡았으니 이것은 주자의 통감강목 역사관을 잘 반영한 작품이다.

유비를 억지로 주인공으로 설정하긴 했으나 사실상의 삼국시대 주역이자 중심인물은 조조다. 삼국지에서 어느 누구 한 사람을 빼더라도 삼국지를 그럭저럭 엮어갈 수 있으나 조조가 빠지면 지금처럼 재미있는 삼국지가 될 수 없다.

결국 인위적으로 유비에게 정통성을 부여한 것이나 삼국시대 역사는 아무런 문제가 될 것이 없다. 조조가 없으면 유비가 있고, 유비가 없으면 손권이 있고 또 대신할 사람이 얼마든지 있다. 그런데 우리나라 근현대사에서 정통성 문제로 대통령을 두서너 사람 뺀다면 그 시간의 공백을 메꿀 대안이 없다.

싫든 좋든 우리가 살아온 역사이고 다 우민우국(憂民憂國)하며 한 시대를 풍미했던 대통령들이니 인정을 해야 한다.

앞선 사람은 뒷사람이 만들어주는 것이다. 일설에는 요임금이 순임금에게 얻어터진 뒤 비참한 생애를 마쳤다고 하지만 중국인들은 요임금과 순임금의 아름답고 훌륭한 선양(禪讓: 지위를 후인에게 물려줌)의 일을 만들어 후세가 본받게 했으니 이 또한 지혜다.

여포의 부하 송헌(宋憲)과 위속(魏續)이 산동에서 좋은 말 300필을 사서 돌아오다 소패(小沛)를 지나던 중 강도로 위장한 장비의 군사에게 150필을 강탈당했다.

화가 난 여포가 소패로 진군하자 유비가 발을 구르며 장비에게 야기사단(惹起事端)했다고 나무랐다.

야기사단(惹起事端)　사건의 단서를 읽으키다

장비의 야기사단으로 여포의 공격을 받은 유비가 관우, 장비의 생사도 모른 채 소패에서 쫓겨난 것처럼 도올 김용옥 철학자의 발언도 국론을 분열시키는 야기사단(惹起事端)이다.

진보만 잘못하고 있는 것이 아니고 보수도 일찍이 치명적인 야기사단을 했다.
광복절 대신 건국절을 주장하여 이승만 전대통령을 국부로 부각시키려 했던 사람들이 이명박 정권 때 뉴라이트라는 조직으로 알고 있다.
당시에는 다수의 광복군이 생존해 있었는데 이 분들이 가만있을리 없었다. 광복군이 광복절을 건국절로 바꾸는 것에 강력히 반대했고 더하여 진보세력이 벌떼처럼 일어나면서 바야흐로 국론분열의 계기가 되었던 것이다.

건국절이니 국부(國父)니 하는 것이 없었던 박정희 대통령 시대나 전두환, 노태우 대통령 때도 반공방첩만 잘하고 세계가 괄목한 경제성장을 했다. 다시 무엇을 더 잘하겠다고 무슨 욕심에서 그랬는지 모르겠다. 영국은 건국절이나 국부라는 것이 없어도 민주주의를 선도하고 세계제국을 세웠다.

애초 국민들은 그런 것에 아무 관심도 가지지 않았는데 국론분열이 된다는 것을 뻔히 알면서도 서푼어치 가치도 없는 논쟁을 시작한 정치인이 누구인지 이들의 지향점이 어딘지 궁금하다.

물론 진보도 보수도 나름 주장이야 옳다는 것은 알지만 대한민국 국민을 단합시키기 위해서 지금은 그런 말을 할 때가 아니다.

부자간에도 삼가는 말이 있다. 정말 옳은 말이고, 건설적이고 또 꼭 해야 할 말이지만 그 말을 꺼내 집안이 시끄러울 것 같으면 대개는 참는다. 훨씬 첨예하고 복잡한 나랏일에 이런 사안이 어디 한두 가지 이겠는가? 자신의 말이 아무리 옳아도 참아야 할 때는 참아야 한다. 지금은 바로 말을 참아야 나라가 조용할 때다.

우리가 우리 역사를 얼마나 잘 기록했다고 이토록 정통성에 열을 올리는지 모르겠다.

마산에는 기밀이 해제된 미 육군 문서를 번역하고 계신 연로한 의사분이 계신다. 오래 전에 한국전쟁 '장전호 전투'를 번역하여 출간하신 배신경외과 배대균원장님이신데 지금은 낙동강 방어선인 '마산전투'의 번역이 거의 끝나가고 있다.

나는 어떤 기회에 두 가지를 물어 새로운 사실을 알았다.

북한에서 미군 전사자의 유해를 발굴할 때 우리 국군이 전사자의 유해를 발굴하는 것처럼 온 산을 다 탐지하며 파헤치는 줄 알았는데,

미군은 지휘관이 기록해 놓은 전사자가 묻힌 장소를 찾아가서 그곳을 파기만 하면 된다고 했다.

미군이 기록한 마산전투 영어 원문은 800여 페이지이다. 그런데 같은 전투를 우리 국군은 2017년에서야 겨우 전사를 편집했는데 이것마저도 달랑 6페이지이다.

이것이 우리 역사 기록의 한 단면이고 우리 자신의 문명 수준이다. 이런 주제에 무슨 좋은 대통령이니 나쁜 정통성이니를 제대로 판단할 자격이나 되는가? 웃어야 할 일인지 울어야 할 일인지 모르겠다.
우리 모두는 능력이 안되니 정통성 문제를 후인에게 맡기고 좌우 모두가 입을 다물자. 한반도 주위에는 4대 강국이 호시탐탐 노리고 있으며 북한은 핵무기로 겨누고 있다. 야기사단(惹起事端)하지 말고 우선 국력이나 키우는 것이 현명한 일이다.

흔히 '잣아서 매맞는다'는 말을 한다. 광복절이든 건국절이든 어느 하나를 주장하는 순간 국민의 반은 당장 반감을 가지고 벌떼처럼 달려들 것이다. 자신과 생각이 다른 반을 설득할 자신이 있으면 하고 싶은 말을 마음대로 다하고, 아니면 자신과 다른 생각을 가졌거나 무관심한 사람들도 모두 우리의 일원임을 인정하는 것이 먼저다.
긴 역사에서 보면 아무 의미도 없고 관심도 없을 일에 소위 안다는 사람들이 무엇을 위해 지금 이토록 어리석게 지대한 국론분열과 국력을 낭비하게 하는지 안타깝기만 하다.

조선시대에는 청나라가 명실상부한 대제국임에도 오랑캐라고 하여 조선의 유학자들이 의도적으로 무시하면서 청의 연호를 쓰지 않고 이미 망하여 이름마저 가물가물한 명나라 숭정 연호를 이어나갔다.

당시 그들에게는 심각한 문제였으나 지금의 우리에게 그 따위 것은 하등 서푼어치 가치도 없다.

지금의 광복절이니 건국절이니 하는 것도 그와 마찬가지로 잠시 후 후손들이 볼 때 반푼어치 의미도 없을 일이고 추한 논쟁을 벌인 사실이 오히려 가소롭기만 할 것이다.

김학의, 장자연 사건

2019. 4. 8
출판교육문화뉴스 칼럼

　김학의, 장자연 사건을 재수사한다고 돈키호테 검찰 과거사위원회가 칼을 빼들었다.
　이 사건은 공소시효가 지났고 당사자가 이미 세상을 떠났으나 끝까지 진실을 밝혀 국민에게 알리겠다는 문대통령의 지시가 있었지만 아마 해프닝으로 끝날 것이다.
　그런데도 국회 인사청문회에서 검증을 받던 박영선의원이 엉뚱하게 김학의를 거론하며 자유한국당 황교안 대표를 겨냥하고 공세에 나섰다. 인사 검증을 받는 입장인지 인사 검증을 하는 위치인지도 아랑

곳하지 않고 이 문제를 제기한 박영선의원의 인식 자체를 이해하지 못하겠다.

　김학의라는 사람의 행동이 사실이라면 그것은 우리 과거 권력의 민낯이고 억지로 밀어붙여 법무부 차관에 임명한 박근혜 정권도 오만에 대한 책임을 명백히 져야 할 것이다.
　그러나 이것은 이것대로 당사자들이 책임을 지는 것은 마땅하나 혹시라도 다른 의도를 가지고 박영선의원처럼 이 사건에 접근해서는 안된다.
　삼국지에는 여포가 왕윤에게 하소연한 일이 있다. 자신이 동탁을 제거한다면 후인들이 야기요단(惹起鬧端)할 것이라 걱정했던 것이다.

야기요단(惹起鬧端)　시비가 될 트집을 잡음

　누가 보더라도 박영선의원은 다른 현안을 덮으려고 무리하게 황교안을 야기요단(惹起鬧端)하여 문재인 정부를 비호한다는 의심을 받기 마련이다.

　억지는 자연스러울 수 없으며 무리수를 낳는다.
　삼국지에는 적벽대전을 치를 때 제갈량이 동오의 진영으로 건너가 주유를 돕는 이야기가 있다. 제갈량은 유비와 손권의 연합에 촉매역할을 한 뒤에도 여전히 동맹군 자격으로 주유의 군영에 잔류하고 있었다. 당시 주유는 금방 제갈량의 비범한 재능을 알아보고 장차 동오의 화근이 될 인물로 판단하여 제거하기로 마음먹었다.

그렇지만 동맹군의 참모를 명분 없이 무단히 죽일 수 없는 일이기에 어떻게든 죄를 만들려고 했다.

주유가 제갈량에게 임무를 억지로 맡겼다. 조조군 83만이 군량을 취철산(聚鐵山)에 둔적해두었으니 1,000명의 군사를 이끌고 가서 불태우라고 했다.

소수의 군사를 데리고 강을 건너 둔량처를 기습하다가 조조의 손에 죽어버리라는 말인데 이것은 명백히 다른 사람의 손을 빌어 남을 죽이는 차도살인(借刀殺人)이다. 만약 실패한 제갈량이 살아서 돌아오더라도 군령을 위반한 혐의로 처벌할 수 있으니 무고한 사람을 죽였다는 비난은 면할 수 있었다.

그러나 이 첫 번째 계책은 노숙의 중재로 무산되었다.

집요하게 주유는 제갈량에게 또 다른 일을 맡겼다.
조조군과 동오군이 장강에서 대치하고 있으니 수전에 필요한 무기인 화살을 제작하라는 것이었다.
'화살 10만 대를 10일 안에 제작할 것'
화살을 만들 장인도 화살을 제작할 물자도 모두 주유의 손에서 나와야 하니 주유의 적극적인 지원이 없으면 애초 불가능한 임무였다.

그러나 제갈량은 오히려 3일이면 임무를 수행하겠다고 호언장담을 하고 또 기한을 어기면 처벌을 받겠다는 군령장까지 썼다.

3일째 밤, 제갈량은 노숙과 같이 동오의 함선을 타고 장강의 짙은 안개 속에서 북으로 배를 몰았다. 시야가 확보되지 않는 안개 속, 조조 수군의 영채로 접근한 제갈량의 함선에서 군사들이 북을 치고 함성을 질렀다. 일부러 조조의 수군이 활을 쏘도록 유인하니 동오군의 함선에 실린 풀 섶에는 조조군의 화살이 무차별로 날아와 박혔다.

기상천외(奇想天外)한 방법으로 화살 10만 개를 배에 싣고 회군하니 동행했던 노숙이 감탄했다. 그제야 제갈량이 노숙에게 주유가 자신을 죽이려는 의도를 풍류죄과(風流罪過)라고 했다.

풍류죄과(風流罪過) 법률에 저촉되지도 않는 경미한 죄목을 억지로 무리하게 큰 죄로 만들다

김학의, 장자연 사건은 도덕적으로는 공소시효가 없다고 할 수 있으나 법적으로 이미 공소시효가 지난 일인데 지금 어찌 한번해보겠다고 하는 것은 풍류죄과(風流罪過)임에 틀림없다.

3김씨가 주도하던 정치는 그래도 염치와 의리가 있었다. 목숨을 걸고 정치를 한 사람들이었지만 오히려 낭만과 여유도 있었다. 그러나 지금의 우리 웰빙 좁쌀들은 상대를 동반과 경쟁의 관계가 아닌 제

거의 대상으로 여기고 오로지 개인의 사욕과 당리당략을 위한 일에만 천방지축 날뛰고 있다.

삼국지에는 원소를 위해 조조를 비방하는 진림의 유명한 격문이 있다. 진림이 조조만 비방하는 것이 아니고 심지어 조조의 조상까지 들먹여가며 나무라는 아주 명문의 글이다.

후일 조조가 원소의 기주성을 점령하자 진림은 포로가 되었다. 모두 그 격문을 거론하며 진림을 죽이라고 했다. 그러나 조조는 진림을 불러 자신을 욕하는 것은 이해를 하는데 어찌하여 조상까지 욕했느냐고 조용히 나무라며 원망했다.

이에 자신이 처했던 입장을 변명하는 진림의 말 또한 명언이다.

전재현상(箭在弦上) 시위에 화살이 얹혔으니
부득불발(不得不發) 날아가지 않을 수 없다

마침내 조조가 진림의 잘못을 묻지 않고 종사(從事)로 임명한 것을 두고 모종강이 평했다.

'그가 천하의 패권을 잡은 것은 우연이 아니다. 만약 진림이 조조를 위해 원소의 조상까지 들먹여 욕을 하고 포로가 되었다면 원소는 절대로 살려주지 않았을 것이다.'

우리의 정치판도 상대가 개인적으로 직무상 전재현상(箭在弦上)에

부득불발(不得不發)한 사소한 것까지 야기요단(惹起鬧端)하여 풍류죄과(風流罪過)하지 않는 그런 풍토가 필요하다.

(우리의 정치판도 상대가 개인적으로 직무상 어쩔 수 없어서 수행한 사소한 것까지 트집을 잡아 죄도 아닌 것을 억지로 무리하게 큰 죄로 만들지 않는 그런 풍토가 필요하다)

김학의, 장자연, 사법농단, 기무사 문건 등까지 들먹이는 문정권을 보노라면 도대체 배울 것이 하나도 없다.
지배자와 정치가는 자신과 거리를 두고 행동해야 하며, 객관성을 가져야 하며, 개인적인 애정이나 거부감에서 벗어나 결정을 해야 한다고 니콜로 마키아벨리조차도 말하지 않았던가!

워싱턴 한미회담

2019. 4. 16
출판교육문화뉴스 칼럼

4월 12일 새벽 시간에 한미 정상회담이 미국에서 이루어졌다.

문대통령이 결렬된 하노이 미북회담을 다시 촉진하고 한미간의 동맹 강화를 위해 미국으로 갔던 것이다.

그 결과는 미국이 지금까지 가지고 있었던 대북 기조를 그대로 유지한다는 입장과 북한의 변화를 봐 가면서 제재완화를 약간 참작해 볼 수도 있다는 소극적인 수위의 트럼프 대통령 말만 확인했다.

문대통령이 그토록 갈망하던 개성공단 가동재개와 금강산 관광을 트럼프 대통령이 일언지하에 거절하니 그 문제는 더 이상 거론조차 하지 못했다. 맥없이 끝난 이번 회담에서 두 정상은 공동성명도 발표하지 않았으니 문대통령은 빈손으로 돌아온 셈이다.

그래도 전적으로 북한만을 위한 외교를 하지 않고 한미간의 동맹을 확인한 셈이니 이것만으로도 오랜만에 큰 위안으로 삼을 일이다.

예전에는 대통령이 다른 나라를 순방하고 정상회담을 하면 국민들은 대통령의 외교적 성과를 상당히 기대했으나 언제부터인가 우리는 그런 기대를 하지 않는다.

지금까지 문대통령의 외교 행적은 가는 곳마다 북한 입장을 대변하고 북한을 위해 대북 경제제재 완화에 모든 노력을 다하는 모습만 보여주었기 때문이다.

그래도 이번 회담에서 문대통령이 국민에게 대미동맹 강화와 기존의 대북외교 노선에서 약간 선회한 듯한 느낌을 준 것만도 참으로 다행한 일이다.

우리는 지금까지 문대통령의 외교가 한국 이익이 아닌 오로지 북한 이익을 위해 일한다는 인상만 받아왔다. 사실이 또한 그렇다면 이것은 명백한 매진지계(賣陣之計)다.

매진지계(賣陣之計) 아군을 배반하고 아군을 적에게 팔아먹는 계책

삼국지 후반부에 남만으로 진군한 제갈량이 맹획을 칠종칠금(七縱七擒)한 일이 있었다. 맹획은 제갈량에게 첫 번째 사로잡혔다 놓여

난 후 섣불리 대적할 수 없다는 것을 깨달았다. 그래서 군사를 노수(瀘水) 즉 지금의 금사강(金沙江) 건너편으로 이동시켜 강에 의지하여 방어선을 구축했다.

제갈량은 맹획의 군사가 사기가 높고 방어선이 견고하여 대대적인 도강작전이 위험하다고 판단했다. 그래서 우선 마대에게 3,000군사를 주어 은밀히 도강하여 강 건너 협산(夾山) 골짜기를 확보한 뒤 맹획의 본진으로 가는 군량을 차단하라고 했다.

마대에게 보급로가 차단당한 맹획은 급히 동도나(董荼那)에게 병력 3,000을 주어 협산으로 파견했다.

동도나 역시 맹획처럼 전에 촉군에게 사로잡혔다가 제갈량의 은혜로 풀려난 사람이다. 그는 맹획의 진영에 있었지만 사실은 마치 우리가 친북(親北)세력이라 부르는 사람처럼 이미 친촉(親蜀)세력이 되어 있었다.

아니나 다를까 동도나는 마대와 싸울 생각도 하지 않고 곧장 회군하여 맹획에게 보고했다.

"마대는 영웅이라서 대적할 수 없었습니다."

동도나의 이 말은 어디서 들어본 기억이 난다. 바로 얼마 전 김일성, 김정일, 김정은을 영웅이라고 말한 사람들이 있었고, 백두칭송위원회라는 조직이 민족의 양심을 가진 이라면 모든 차이를 넘어 가슴 벅차게 김정은 국무위원장님의 황공하신 서울 방문을 환영하기 위해서 최대의 노력을 기울이자라는 취지의 말을 했던 것과 거의 같다.

맹획이 크게 화를 내어 동도나를 나무랐다.

"싸우지도 않고 퇴각한 것은 바로 매진지계(賣陣之計)다."

동도나는 아군을 배신한 죄로 곤장을 맞았고 이 일로 앙심을 품어 주군인 맹획을 제갈량에게 팔아먹었으나 결국은 처형되어 노수 강물에 시체가 던져졌다.

현정권은 마치 이전 정부가 해내지 못한 큰일을 자신들이 할 것처럼 기세 좋게 설친다. 한반도 평화를 위해 종전선언을 한 뒤 남북한이 공존하여 평화롭게 전쟁 없이 사는 기반을 마련하겠다는 것이 이들의 목표다. 언감생심(焉敢生心) 어찌 이런 허황된 것을 바라며 세상 물정을 몰라도 한참 몰라서 하는 짓이다.

과거 대립한 국가 중에서 그런 역사가 언제 있었으며, 피 흘리지 않고 사이좋게 지낸 일이 어디에 있었으며, 우리의 친북(親北)세력이 꿈꾸는 그런 평화가 어느 대륙에 있었던가?

북한은 한국전쟁을 일으켜 지금의 부산광역시 전체 인구와 거의 맞먹는 330만 명의 사상자를 낸 그야말로 한반도를 피로 물들이고 전 국토를 파괴한 집단이다.

330만 명은 5만원권으로 세는 330만 원이 아니다. 이는 사람의 능력으로는 도저히 셀 수 없다는 바로 그 부지기수(不知其數)의 숫자이니 저들은 어마어마한 일을 저질렀다.

부지기수(不知其數)　매우 많아서 그 수를 모름

개인간에도 권력을 두고는 양립하기 힘들다.

동탁이 죽은 뒤 장안으로 진군한 이각과 곽사가 여포의 군사를 물리치고 한나라 조정을 장악했다. 권력을 장악할 때까지는 서로 협치를 했으나 목적을 이루자 금방 분란이 일어났다.

둘의 틈이 벌어지자 곽사의 처가 곽사에게 이각을 경계하라며 하는 말 중에 양웅불양립(兩雄不兩立)이라고 하는 사자성어가 있다.

양웅불양립(兩雄不兩立)　두 영웅이 나란히 같이 서 있을 수 없다.

친북세력들은 김정은 정권과 남한이 나란히 양립하여 평화롭게 살 것이란 환상에 젖어있는데 천만의 개꿈이고 만만의 콩떡이다. 아무도 떡 줄 사람은 없는데 김칫국부터 마시고 있다.

남북은 양웅불양립(兩雄不兩立)이고 언젠가 생사를 걸고 싸워 하나가 제거되거나 아니면 둘 다 망할 것이다. 혹여 우리 민족의 운이 좋다면 통일은 인위적도 아니고 의욕에 의해서도 아니고 독일처럼 우연히 자연스럽게 찾아올 것이고 그래야만 비용이 가장 적게 들고 희생이 적을 것이다.

이각과 곽사가 상대를 제거하려고 군사를 동원하여 장안에서 사투를 벌이다 결국은 둘 다 세력이 소멸되었다. 어쩔 수 없이 다시 화해하여 연합세력을 만들었으나 이미 약체가 된 이들은 천하 제후들의 표적이 되었다.

이들은 제후들의 추적을 피해 산으로 들어가서 약탈을 일삼다 후일 관군에게 토벌되었다. 그래서 자신은 물론 자신의 가족 모두가 비참하게 참수되어 마침내 허도성 밖에 목이 걸리는 비운을 맞았다.

남한과 북한처럼 오랜 적대관계에서는 친북세력들이 바라는 그런 영원한 평화는 절대로 현실화될 수 없다. 그런데도 지금 정권은 한국전쟁의 330만 희생도 잊고 또 반대하는 국민정서도 무시한 채 북한을 비호하는 일에 이미 그 정도를 넘어섰다.

우리는 우리가 아직 겪어보지 않았던 생소하고 혼돈스러운 정치 환경의 소용돌이에 들어섰다. 우려스러운 것은 시간이 지나면서 사람들의 의식이 점점 무뎌져 혼돈에 익숙해진다는데 있다.

카오스의 혼돈스러운 현상에서는 최초의 작은 오차가 시간이 갈수록 점점 증폭되는 성질이 있다고 한다. 처음에는 어느 정도 예측을 할 수 있으나 종국에는 오차가 걷잡을 수 없이 커져 예측하는 것 자체가 무의미해지는 시점에 도달한다는 것이다.

우리가 지금 겪고 있는 혼돈스런 정치 현실도 이미 그 오차가 증폭되어 예측선에서 점점 멀어지고 있다.

탈라스의 인터넷

2019. 4. 22
출판교육문화뉴스 칼럼

　오늘은 4월 셋째 월요일이다. 키르키즈스탄 탈라스 시골 동네에 아침부터 종일 내내 인터넷이 먹통이다. 이런 일이 한두 번이 아니었지만 오늘은 복구 시간이 유난히 길다.

　인터넷 선이 국토를 따라 간들간들하는 가느다란 전신주에 매달려 3330m 높이의 얻더먹 고갯길을 간신히 넘어온다. 이 전신주를 유목민의 소가 뿔로 들이받았던지 아니면 풀어놓은 말이 뒷발로 걷어찼을 것이란 소문이 났다. 오후에는 또 농부가 베던 버드나무 가지가 전신주를 스쳤을 것이란 말도 들린다.

거의 한반도 전체 면적에 인구 600만이 사는 이 나라는 말의 고장이다. 지금도 150만 필의 말이 초원에 흩어져 풀을 뜯는다.

이미 사마천의 사기(史記) 대원(大宛: 키르키즈스탄)열전에 좋은 말이 많고 말의 조상은 천마(天馬)인데 피 같은 땀을 흘린다고 했다. 즉 불타는 듯한 붉은 털을 가진 말에서 흐르는 땀이라면 가히 피처럼 보였을 것이다. 그래서 중국에서는 이를 한혈마(汗血馬: 핏빛 땀을 흘리는 말)라 부르고 천리마로 인정했다.

삼국지에 나오는 적토마(赤兎馬)는 삼국시대 최고의 무장으로 자타가 인정하는 여포가 타면서 시너지 효과를 내며 그 진가를 발휘했다.

마중적토(馬中赤兎) 말 중에는 적토마요
인중여포(人中呂布) 사람 중에는 여포다

이 적토마가 바로 대원마(大宛馬) 계통의 한혈마이고 최초의 적토마 주인은 서량자사 동탁이었다. 그가 하서회랑을 장악하고 있었기 때문에 실크로드를 통해 적토마를 들여와 소유했을 가능성을 쉽게 유추할 수 있다.

중국인이 말을 타기 시작한 것은 전국시대 조나라 무령왕 BC 307년부터다.

이를 호복기사(胡服騎射)라고 하는데 호복은 북방 유목민이 입던 바지를 말한다.

호복기사(胡服騎射) 바지를 입고 말을 타다

우리가 바지라 하면 대부분의 사람들은 우선 영국 신사의 바지가 일본을 통해서 한국에 전해졌을 것이라 단정한다. 그러나 이미 기원전에 흉노족이 바지를 입고 서쪽으로 이동하여 유럽으로 갔고 또 돌궐(투르크)족 역시 바지를 입고 뒤이어 갔다는 사실은 전혀 모르고 있다.

우리 조상은 기마민족에서 유래했으며 또 조선에는 일본인이 오기 전에도 우리 전통의 바지 '합바지'가 있었다. 합바지를 입고 발목에 대님만 치면 흡사 지금의 기마복이다.

합바지와 형태가 비슷한 유목민이 입었던 무두질한 가죽 바지가 키르키즈스탄 민속 박물관에 전시되어 있는 것을 보았다. 그러나 유목민의 바지에는 대님을 친 흔적은 보이지 않는다.

이 가죽 바지 또한 호복(胡服)인데 재료만 달랐지 우리의 합바지와 계통이 같은 기마복 바지라는 것을 쉽게 알 수 있다.

전국시대에는 중국의 남자들은 바지가 아닌 치마를 입었다. 치마를 입고는 말을 탈 수 없었기 때문에 조나라 무령왕이 바지를 장려하여 기마병을 양성하려고 했던 것이다.

당시 조나라의 기성세력이 오랑캐 풍속에 따르는 것을 혐오하여 무령왕을 축출하는 일까지 발생했다. 그러나 미풍양속은 미풍양속이고 현실에서는 같이 기병으로 대적하지 않으면 북방 유목민의 기병을 도저히 막을 수 없었다. 기병이 바지를 거부하면 맨살로 안장에 앉아야 하는 불편을 감수해야 하니 부득이 중국인도 바지를 입고 말에 오를 수밖에 없었다.

한무제가 장건(張騫)을 서역 대월씨(大月氏)에게로 파견하기 전까지 중국에는 지금과 같은 체구가 큰 말은 없었다.

그래서 한나라 기마병은 몽고말이나 우리나라 제주도 조랑말처럼 체구가 작은 말을 탔으며 물론 북방 흉노족도 몽고말뿐이었다.

제주말은 몽고말과 유전자가 많이 다르다고 하니 몽고군이 자기들 말을 제주도로 가지고 들어온 것이 아니라는 것은 이미 입증되었다. 그렇다면 고대부터 한반도 전역에 분포하던 그 체구가 작은 말이 바로 제주도 조랑말의 조상일 가능성이 많다.

왜냐하면 옛 동예국의 과하마(果下馬)가 기마상태로 과일나무 밑을 지났다는 역사의 기록이 있으니 과하마 즉 조랑말은 한반도에서는 이미 사라졌으나 제주도에서 겨우 명맥을 유지하고 있다고 주장해도 억지는 아니다.

장건이 서방으로 가는 길은 험난했다. 흉노의 포로가 되어 10여 년 동안 북방에 억류되는 등 우여곡절을 겪다가 마침내 타클라마칸 사막을 건너 서역으로 갔다. 대원(大宛) 즉 지금의 키르키즈스탄에 도착하여 한동안 체류하면서 대월씨 등 중앙아시아의 정세를 살폈다.

장건은 돌아오는 길에 한혈마를 타고 왔다.

장건 일행이 13년 만에 고국 한나라에 돌아오자 한무제를 비롯한 중국인들은 충격을 받았다. 모두의 시선이 이들이 탄 한혈마에게로 쏠렸던 것이다. 웅장한 말의 체구는 말할 것도 없고 말똥의 크기마저도 중국인들 사이에서 전설이 되었다.

한혈마를 갈망한 한무제는 흉노를 축출하고 북방을 평정한 뒤 마침내 서역으로 군사를 보냈다. 원정군을 이끌던 이사(李斯)장군이 대원국을 정복하고 한무제가 그토록 원했던 한혈마 수십 필과 A급 대원마 3,000여 필을 드디어 중국으로 들여오게 되었다. 이것이 역사에 기록된 중국은 물론 한반도 대형 말의 시작일 것이다.

말은 동서양을 막론하고 인류의 역사를 바꾼다. 고트족이 말을 탈 때 딛는 철등자(鐵鐙子) 하나만 설치해도 로마제국은 속수무책이었다.

AD 378년 로마황제 발렌스와 함께 로마군 4만 명이 지금껏 지중해를 제패해 왔던 그 막강한 팔란크스라는 방진(方陣)과 양날검으로 고트족에게 대항했으나 단 3시간 만에 철등자로 기마술을 갖춘 고트족 기병에게 완전히 몰살을 당했다. 그래서 그 유구한 로마 대제국도 철등자에 의해 힘없이 무너져 점차 역사의 뒤안길로 사라져 갔다.

말이 지금이야 큰 역할을 못하지만 2차대전 전까지만 해도 구대륙은 물론 신대륙에서도 인류의 역사를 이끌던 원동력 그 자체였는데, 오늘은 이런 탈라스 시골에서 겨우 전신주나 걷어차는 일을 하고 있다.

삼국지에는 여포가 연주에서 조조에게 대패한 후 유비에게 몸을 의

탁하러 가는 일이 있다.

여포가 오자마자 유비가 서주의 패인(牌印)을 여포에게 건넸다. 패인(牌印)은 직인(職印)처럼 쓰는 도장인데 이것을 건넨다는 것은 유비가 여포에게 서주태수의 직위를 양도한다는 의미다.

눈치 없는 여포가 널름 받으려고 손을 내밀다 문득 유비의 등 뒤에 서있는 관우, 장비의 얼굴을 보고는 속으로 아차 싶었다. 두 사람이 이글거리는 눈으로 당장이라도 여포를 내리칠 듯이 노려보고 있었다.

놀라 얼른 손을 거두고 자신은 능력이 안된다며 물러서자 옆에 있던 여포의 모사 진궁이 분위기를 바꾸려고 한마디했다.

"강빈불압주(强賓不壓主)입니다."

강빈불압주(强賓不壓主)
손님이 아무리 강해도 주인을 누를 수 없다. 손님 을이 집주인에게 갑질을 해서는 안된다는 뜻이다.

탈라스도 관공서나 은행 같은 곳에서는 인터넷으로 업무를 처리하고 또 인터넷을 이용하는 주민도 많다. 그러나 모두 말 한마디 없이 기다리고만 있다.

성질 급한 이방인도 졸갑증을 삼켜 설치지 말고 이 동네 사람처럼 있어야 하겠다. 어딜 가나 강빈불압주(强賓不壓主)는 사람이 지켜야할 기본적이고 보편적인 예의다.

문대통령 중앙아시아 순방

2019. 4. 29
출판교육문화뉴스 칼럼

한반도는 바야흐로 정상회담의 계절이다.

문대통령이 미국에 이어 이번에는 중앙아시아를 순방했다. 그러나 이곳 키르키즈스탄에 들르지 않아 교민들이 매우 아쉬워했다.

중앙아시아라고 하면 카자흐스탄, 우즈베키스탄, 키르키즈스탄, 타지키스탄, 투르크메니스탄 등 주로 국명의 끝에 '탄'이 붙은 나라를 말하는데 이중에서 투르크메니스탄, 카자흐스탄, 우즈베키스탄 3국만 순방하고 돌아갔다.

투르크메니스탄은 에너지자원 부국이고, 우즈베키스탄에는 과거 천산남로를 따라 여행했던 조우관(鳥羽冠)을 쓴 고구려 사신의 벽화가 사마르칸트 옛 궁전 유적에 남아있어서 우리 민족이 옛날부터 이 나라와 교류한 흔적을 찾을 수 있다.

카자흐스탄은 세계 9대 영토대국이고 지하자원 부국으로 근래 경제가 비약적으로 발전한 나라다.

이 카자흐스탄이 문재인 대통령에게 도스터크(우정) 훈장 수여를 취소한 사실이 알려져 이슈화되고 있다. 훈장을 줄까말까 꽤나 망서렸던지, 준다고 했다가 다시 준다던 3시간 전에 돌연 문대통령에게는 줄 수 없다고 잘라 말했다.

놀림을 당해도 한참이나 당했는데 이것은 카자흐스탄에게만 문제가 있는 것이 아니고 우리나라 외교부에게 더 큰 잘못이 있다. 이들은 한두 번도 아니고 문재인 대통령이 외국 순방을 할 때마다 의전 실수를 하고 있다.

그러나 여태까지 외교부가 이처럼 큰 의전실수를 해도 아직 쫓겨난 사람이 없으니 지금 문재인 정부에서는 업무를 잘하는 전문가보다는 이념적으로 공조하는 사람을 선호하는 것 같다.

옛날에도 현명한 군주는 전문가를 찾아 국사를 맡겼다. 그래서 유비가 제갈량을 찾아 삼고초려(三顧草廬)를 했고 제환공이 동곽(東郭) 야인(野人)을 만나려 다섯 번이나 찾아갔다.

위(魏) 촉(蜀) 오(吳) 삼국정립의 한 축인 동오를 실질적으로 건국한 손책이 사냥을 나갔다가 허공의 자객에 의해 큰 부상을 입었다. 마침내 자신이 회복될 기미가 없다는 것을 자각하고 아우 손권에게 후사를 부탁하니 그의 모친이 걱정했다.

"네 아우가 어려서 대사에 임하면 힘들 것인데 어떻게 해야 되겠느냐?"

내사부결(內事不決)　내사(內事: 국내 사건)를 결정하지 못하면
가문장소(可問張昭)　장소에게 묻고

외사부결(外事不決)　외사(外事: 국외 사건)를 결정하지 못하면
가문주유(可問周瑜)　주유에게 물어라

국사를 분야별로 전문가에게 맡겨 그들에게 의지하여 정치를 하라고 했다.

손책의 유언대로 손권이 장소와 주유를 다 기용하니 과연 장소는 기대를 저버리지 않고 국내를 안정시켜 나라의 기틀을 잡는데 일조했고, 주유는 남하하는 조조군을 장강의 적벽에서 화공으로 대파하여 조조를 북방으로 돌려보냈다. 이것이 삼국지의 하일라이트 전투인 적벽대전이다.

당시 동오 같은 나라도 전문가를 적재적소에 기용하여 국내외 문제를 잘 해결했는데, 지금의 한국 정부에는 전문가는 없고 이념가들만 잔뜩 모여들었는지 경제는 바닥이고 외교도 갈팡질팡하고 있다.

그 결과 중국도 달가워하지 않고, 미국도 긍정적으로 보지 않고, 일본과는 거의 등을 돌렸고, 이제까지 문재인 대통령이 눈에 넣어도 머들거리지 않았던 북한 김정은마저 볼멘소리를 하는 지경에 이르렀다.

2017년 대통령 중국 방문에서 연합뉴스 기자가 중국 무뢰한에게 얻어맞아 피를 흘리고 병원에 입원을 해도 끽소리 한번 못했고, 또 얼마 전에는 김정은이 최고인민회의 시정연설에서 문대통령에게 좌고우면하고 분주다사한 행각질이나 하면서 오지랖 넓은 중재자나 촉진자 짓거리 하지 말라고 쌍욕을 했다.
그러나 문대통령은 오지랖만 넓은 것이 아니고 속도 한없이 넓은지 오히려 '김정은 위원장님의 변함없는 높은 의지를 확인했으니 장소와 형식에 구애받지 말고 제발 한 번만 만나 주십시오'하고 통사정을 했다.
물론 돌아온 대답은 김정은 위원장님의 콧방귀다.

이건 아니다. 대통령이 욕을 먹으면 국가가 욕을 먹는 것이고 국민의 마음에는 억울한 감정이 생긴다. 이런 일에 국민의 사기를 올려 줄 우리 대통령은 아직도 묵묵부답(默默不答)하며 무표정하니 참 답답할 일이다.
또 밖으로 외교적인 상황이 심각한데도 국내에서는 휴전선의 철조망을 제거하고 초소를 폭파하여 DMZ에 둘레길을 만들더니 '평화로 가는 길 이제 시작입니다'라고 대통령 스스로 말했다.

이것 가지고 평화로 갈 것 같았으면 여태 못할 사람이 누가 있었겠는가? 방어선을 허문 것은 전혀 평화로 가는 길도 아니고 오히려 엎드려 절 받기다.

아마 개문이읍도(開門而揖盜)일 것이다.

개문이읍도(開門而揖盜)
문을 열고 절하며 도둑을 맞아들인다. 스스로 원해서 재앙을 불러들이는 어리석음.

손책이 죽은 뒤 후계자 손권이 넋을 놓고 울고만 있었다. 국사를 걱정하던 장소가 손권에게 개문이읍도(開門而揖盜)라고 충고했다. 즉 감정에만 사로잡혀 스스로 방어력을 허물고 있으면 곧바로 적을 맞이할 것이라는 비유다.

아무튼 한국의 운명은 대통령 한 사람에게 달려 있다고 해도 과언이 아니다.

대통령이 단 한 달만이라도 '북한, 민족, 남북평화, 대북경제제재 완화, 김정은 위원장님, 개성공단, 금강산 관광, 남북철도, 인도적 지원' 이라는 귀에 못이 박힌 말 대신에 '동맹, 안보, 민생, 미세먼지, 경제위기, 노조문제, 청년 일자리' 등 시급한 문제해결에 진력을 다하는 모습을 보였으면 좋겠다.

나는 늘 문재인 대통령의 아우를 참 현명하다고 칭찬한다. 그는 역대 대통령 친인척들이 불행에서 벗어나지 못했다는 현실을 일찌감치 파악하고 형이 청와대로 가자마자 상선을 타고 한국을 떠났다.

" 형만 한 아우는 없다고 했으니 문재인 대통령님도 그 옛날의 여렸던 마음과 총명으로 현명하게 여러 사람의 말에 귀 기울인다면 국가의 미래는 밝아질 것입니다.
　그러면 국민은 금방 대통령을 좋아합니다. 지금은 너무 외골수 같습니다. 민족은 유구하고 대통령 임기는 단 5년뿐인데 5년짜리 대통령이 천년을 다 결정할 수는 없습니다."

조자룡의 헌 칼

2019. 5. 6
출판교육문화뉴스 칼럼

　선거제 개편과 공수처 설치법의 패스트트랙((fast track)을 막으려던 자유한국당은 역부족, 세부족이었다.
　4월 29일에 자유한국당 황교안 대표가 더불어민주당은 국회 선진화법을 조자룡이 헌 칼 쓰듯 함부로 휘두르는데 이 법이 왜 만들어졌는지 그 입법 취지부터 생각해야 한다고 말했다.

　황교안 대표야 아는지 어떤지 모르겠지만 조자룡의 트레이드마크는 창이고 원래 칼을 들지 않는 사람이다. 그런데 새 칼도 아니고 헌 칼이라고 하는 말에는 달리 의미가 있다.

새 칼은 아직 한 번도 사용하지 않은 칼이거나 비록 헌 칼이지만 전투에 나가기 전에 숫돌에 잘 갈아서 날을 완벽하게 세워둔 칼이다.

아무리 새 칼이라도 전투에 나가서 일단 상대방의 무기나 갑옷이나 투구에 부딪치면 칼날이 뭉개지거나 톱날처럼 이빨이 빠진다. 새 칼일 때는 비록 조심하면서 칼을 아꼈을지라도 일단 백병전이 시작되면 처음의 상태를 그대로 유지하기는 힘들다.

이빨이 빠져서 이미 헌 칼이 다 된 칼을 든 전사라면 심리적으로 '이왕 버린 몸'에라 모르겠다'하고 이제는 칼날을 생각하지 않고 마구잡이로 휘두를 것이다.

황교안 대표의 말대로라면 처음에는 체면을 차리던 문정권이 이제 자신들의 이미지가 망가졌다는 것을 알고 마구잡이로 권력을 휘둘러댄다는 비유다. 그렇다면 더불어민주당은 이미 헌 칼 즉 막장에 이르렀다는 말이다.

삼국지에서 조자룡은 칼을 딱 두 번 들었다.

그는 담양, 장판의 싸움에서 유비의 두 부인과 아들인 아두(阿斗)를 구하려고 난군 속에서 좌충우돌한 일이 있었다. 이때 조자룡이 조조의 배검장(背劍將) 하후은(夏侯恩)을 죽이고 그에게서 청강검(靑釭劍)을 얻었는데 검자루에는 금으로 청강(靑釭)이라는 두 자가 새겨 넣어져 있었다.

배검장(背劍將)은 주군의 검을 등에 지고 다니며 검을 관리하는 장수이다. 조조에게는 보검 두 자루가 있었는데 한 자루는 의천검(倚天劍)으로 조조 자신이 직접 차고 있었으며 한 자루는 바로 청강검(靑釭劍)으로 배검장 하후은이 등에 지고 다니다 조조가 명하면 즉시 검을 풀어서 받쳤다.

의천검과 청강검 둘 다 명검(名劍)이었다고 한다.

감철여니(砍鐵如泥) 쇠를 진흙처럼 베고
봉리무비(鋒利無比) 예리한 칼날은 비할 데 없었다

창은 일대일 대결에서 편한 무기지만 청강검 정도라면 다수의 적이 창으로 공격해도 상대할만하다.

난군 중에서 조자룡이 이 청감검을 휘둘러 창이면 창, 칼이면 칼, 모두를 두 동강내고 갑옷이고 투구고 가리지 않고 조조군을 거침없이 베니 그가 지나치는 곳에는 피가 샘물처럼 솟아올랐다고 했다. 이것이 조자룡이 칼을 사용한 첫 번째다.

두 번째이자 마지막으로 조자룡이 칼을 든 것은 후일이다. 유비의 손부인이 몰래 동오군의 배를 타고 동오로 돌아가자 조자룡이 배를 타고 뒤를 추격했다. 조자룡이 가까이 다가가자 동오군이 선상에서 창으로 일제히 찔렀다. 이번에도 조자룡이 청감검을 빼어들어 창대를 모조리 잘랐다.

지금 여당이 처리하려는 특히 고위공직자수사처는 그야말로 문대통령의 보검이 될 것이다. 이 공수처라는 보검은 조자룡의 청강검(靑釭劍)처럼 아무리 베어도 칼날이 상하지 않는 명검이니 대통령이라면 참으로 갖고 싶어할만한 무기다.

대세에서 무너진 자유한국당은 보검은 든 문대통령을 정면으로 상대할 실력이 안된다. 정말 이기고 싶으면 심각하게 고민하여 장계취계(將計就計)를 세워라.

장계취계(將計就計) 상대방의 계책을 미리 알아채고 그것을 역이용하는 계책

위나라 합비성을 공격하려고 동오의 태사자가 자신의 수하 과정이라는 사람을 몰래 성안으로 잠입시켰다. 과정은 합비성 수장(守將)인 장료의 후조(後槽: 말을 돌보는 사람) 직책을 맡은 사람과 막역한 사이였다. 한밤중 두 사람이 성안에 불을 지르고 '모반이야'하면서 고함을 지르자 온 성안에서는 사정도 모르고 덩달아 '모반이야'며 고함을 질렀다.

합비성을 지키던 장료가 말했다.

"어찌 성안의 모든 군사가 모반을 했겠느냐? 혼란을 조장하는 주동자를 색출하라."

재빨리 소란을 진정시키고 나니 이때 성 밖에서는 동오군이 바라와 북을 치면서 고함을 질렀다. 침착한 장료가 사태를 간파하여 사람들에게 말했다.

"성 밖의 동오군이 성안의 반란을 후원하고 있다. 장계취계(將計就計)를 쓰자."

장료가 급히 사람을 시켜 성문 안에 불을 피우고 도리어 자신의 군사에게 '모반이야'라고 고함을 지르게 했다.

또 성안에다 군사를 매복시키고 성문을 활짝 연 뒤 조교를 내려서 동오의 태사자가 들어오도록 유인했다. 태사자는 성안에서 자신을 동조하는 모반세력이 이미 득세를 했다고 생각하여 주저 없이 앞장서 입성했다.

완벽하게 장계취계에 당해 합비성에 입성한 동오군은 장료의 매복에 걸려 대패하고 태사자 자신도 몸에 화살을 여러 대 맞았다. 그는 본진으로 돌아왔으나 마침내 화살에 맞은 상처가 도져서 죽었다.

삼국지에서 오직 장료만 장계취계(將計就計)를 써서 이긴 것이 아니다. 수많은 장계취계(將計就計) 사례 중 오직 단 하나의 사례일 뿐이다.

공수처가 설치되면 이제 문대통령은 조자룡의 그 헌 칼이 아닌 바로 청강검(靑釭劍)을 손에 잡는다. 청강검을 휘두르면 도전자는 창도 갑옷도 투구도 말안장도 진흙처럼 베어질 것이니 자유한국당은 총선까지, 대선까지 얼마 남지 않은 시간을 무모하게 필부지용으로 대항하지 말고 그 청강검(靑釭劍)에 맞설 장계취계(將計就計)를 세워라.

언제, 어떻게, 무엇을 가지고 장계취계(將計就計)를 설계할 것인지는 여태까지 정치판에서 굴러먹은 자유한국당 너 자신이 알아서 할 일이다. 지금까지 진보정권이 해왔던 것을 보고도 깨달음이 없다면 차라리 울어라.